Musiktheater Winterhagel
Michalis Avramidis

AF223047

Titelbild Flößerbrücke in Pforzheim
nach der Bombardierung
am 23. Februar 1945

Buchcovergestaltung: M. Avramidis

IMPRESSUM:

Bibliografische Information der Deutschen Nationalbibliothek
Die Deutsche Nationalbibliothek verzeichnet diese
Publikation in der Deutschen Nationalbibliografie;
detaillierte bibliografische Daten sind im Internet über
http://dnb.d-nb.de abrufbar.

Texte, Idee, Geschichte: Avramidis
Musik: Avramidis, Bothur, Bach
Herstellung und Verlag: BoD GmbH,
Norderstedt

Schriftstellerei@web.de
Winterhagel@web.de

www.michalis-avramidis.BoDAutor.de

ISBN-13: 9783837071092

9 783837 071092

Musiktheater

Winterhagel

Wer ist der gute Täter? Wer ist der böse Täter?
Wer ist das gute Opfer? Wer ist das böse Opfer?

zerbombte Flößerbrücke in Pforzheim nach dem 23. Februar 1945

Ein philosophisches, lyrisches Schauspiel
mit Musik
als Friedensterrorismus

von

Michalis Avramidis

concordia domi foris pax

FRIEDENSTERRORISMUS

»Die Schriftsteller können nicht so schnell schreiben, wie die Regierenden Kriege machen, denn das Schreiben ist Denkarbeit...«

<u>Bertold Brecht</u> (1898-1956) deutscher Dramatiker & Dichter zur politischen Bewusstseinsveränderung

Figuren und deren Charakter Beschreibung

AVRAAM:

Auch Abraham genannt, ist ein 68 Jahre alter Deutscher Jüdischen Glaubens. Sein erlernter Beruf ist Lehrer, er ist ein großer Verehrer deutscher Poeten wie Goethe und Schiller, oft verträumt, und er spricht oft in Gedichten. Er gehört den Freidenkern an, hat eine hohe Intelligenz und stark ausgeprägte intellektuelle Fähigkeiten. Er ist grenzenloser Pazifist, liebt die Philosophen und ihre Weisheiten, durch seine anthroposophische Geisteshaltung stellt er den Menschen in die Mitte der weltlichen Handlung. Äußerlich wird er wie folgt beschrieben: graues bis weißes Haar sehr gepflegt. Er hat ein faltiges Gesicht und einen grauen Kurzbart sowie einen schwarzen Gehrock, eine schwarze Hose, ein weißes Hemd und schwarze Fliege an. Der Laut **„AIJAJAJA"**, den er stets von sich gibt, ist charakteristisch für Avraam, es unterstreicht seine Liebenswürdigkeit. Er schlägt dabei beide Hände mit der Handfläche von den Schläfen über den Kopf, senkt dabei sein Haupt zu Boden und gibt in hoher Stimmlage den verwirrten Laut **„Aijajajaja"** von sich.

MARIE VON ZIMMERFELD:

Auch Mariechen genannt, ist ein 16 Jahre junges Mädchen und Schülerin vom alten Avraam. Sie wächst in den Kriegswirren des Zweiten Weltkrieges auf, wo sie so einiges der Erwachsenenwelt nicht versteht, aber sehr wissbegierig ist. Ihr bester Freund und ihr Gesprächspartner ist ihr Stoffbär, der den Namen „Bärchen" trägt.
Marie von Zimmerfeld ist Tochter der adeligen Pforzheimerin.

Elfriede von Zimmerfeld. Die Mutter Elfriede von Zimmerfeld ist eine Herzensfrau, die ebenso mit den Kriegswirren überlastet scheint. Mariechens Bruder ist Peter, der jedoch von den Erwachsenen „kleiner Peter" genannt wird.
Der Vater Michal von Zimmerfeld befindet sich längst an der Front und wurde von seiner Familie getrennt.

Die Personen und deren Namen sind vom Autor frei erfunden, sie repräsentieren jedoch einen Teil der Pforzheimer Gesellschaft sowie Deutschland.

SONSTIGES:
„Sieg zu weil" als Synonym für „Sieg Heil".
Sieg Heil soll nicht verwendet werden, da 60 Millionen Menschen in diesem Wahn einer Minderheit ihr Leben verloren. Gott sei Dank, es war nur ein „Sieg für eine Weile".
Eine Fiktion ist wahrscheinlich, dass ein Mitbürger jüdischen Glaubens 1945 im Lehramt seinen Beruf ausüben durfte.
Die verbundenen Augen der GeStaPo sollen symbolisch die blinde Gefolgschaft darstellen. Alle.

Die Rechte und Idee dieser geistigen Urhebung sind geschützt und liegen beim Autor Michalis Avramidis. Zitate sowie Fremdtexte sind markiert mit *.

©

Beginn: Raum ist eingedunkelt.

Introitus Musik Titel „Winterhagel" setzt ein, es wird mit lauter Orgel gespielt. Intro wiederholt sich und dauert etwa 3 Minuten.

Ansage durch Lautsprecher:

„Meine Damen und Herren, wir heißen Sie im Traumtheater herzlichst willkommen! Da sich die darstellenden Künste, zunehmend zu gesellschaftlichen Sektempfängen entwickeln, wünschen wir ihnen einen erlebnisreichen Abend in unserem kleinem Theater. Albtraum - oder Traumtheater.
Noch ein wichtiger Hinweis: Dem geistigen Urheber dieses Stückes liegt es fern, nationalsozialistische, rassistische, links - populistische oder anti – deutsche Reflektionen aufkommen zu lassen. Sollte dieses Stück bei anwesenden Personen Emotionen dieser Art emporsteigen lassen, so wird erbeten die Räumlichkeit zu verlassen, denn dieses Stück ist eine <u>Ode an die Menschlichkeit</u>."

Intro setzt erneut ein, mit lauter Orgel, anschließend mit gesamten Orchester Dauer etwa 3 Minuten.

Schleier hebt sich, Bühnenbild Klassenzimmer. Avraam steht vor der Tafel, Marie von Zimmerfeld sitzt aufmerksam auf ihrem Platz und hört zu.

An der Wand befindet sich ein Kalender mit dem Datum 21.12.1944

Winterhagel

Avraam: Shalom und Guten Morgen. So, meine liebe Marie, wiederhole doch was wir in der letzten Stunde Heimatkunde über unsere schöne Stadt Pforzheim lernten?

Marie: Guten Morgen Herr Abraham! Hmmm ... ähhhh? Aja! Das Land um Pforzheim lag im keltischen Siedlungsgebiet und im 1-3 Jahrhundert nach Christus gründeten die Römer an der Enz die Siedlung PORTUS. Ach ja, und Portus ist lateinisch und bedeutet Hafen. Nicht wie irrtümlich von Melanchthon gemeint „Porta" von „Tor" zum Schwarzwald.

Avraam: Sehr schön meine Liebe, sehr aufmerksam zugehört, ja, ja, hmm, ich bin stolz auf dich! Aber was war denn das nächste große Ereignis, welches unser altes Portus heimsuchte?

Marie: Das war? Hmm ... ähhh, ach ja, das war das Ereignis im Jahre 260 nach Christus, als der germanische Stamm der Alemannen den römischen Zivilisationswall Limes überrannte und somit die römische Vorherrschaft brach, und dann passierte Folgendes .....

Avraam: ...Ja, ja, Marie ... entschuldige, dass ich dich unterbreche, doch sag mir noch gleich, wann wurde Pforzheim das erste mal urkundlich erwähnt?

10

Marie: Im Jahre 1067 entstand der heutige Name Pforzheim mit der Altstädter Kirche Sankt Martin!

Avraam: Nein!

Marie: Nein?

Avraam: Nein, doch, ich meine ja! Ich bin nur so fassungslos über deine Auffassungsgabe. Richtig Mariechen, richtig! Jaaa! Du bist gut. Aijajaja, Aijajaa... welch großes Geisteskind wurd in unserer schönen Stadt Pforzheim geboren?

Marie: Sie, Herr Abraham?

Avraam: JA, ich meine, NEIN ... viel größer. Hhmm. Danke Marie *(schaut geehrt)*.

Marie: Der große Philologe, Philosoph und Humanist Johannes Reuchlin?

Avraam: Ja, ja. Aijajaja, das Höchste, wozu der Mensch gelangen kann, ist das Erstaunen!
Denn wie schrieb mein liebster Johann Wolfgang von *Goethe in den Zahmen Xenien fünfter Teil:**

Johannes Reuchlin!
Wer will sich ihm vergleichen?
Zu seiner Zeit ein Wunderzeichen!
Fürsten- und das Städtewesen
durchliefen seinen Lebenslauf.
Die heiligen Bücher schloss er auf,
doch Pfaffen wussten sich zu rühren,

die alles breit ins Schlechte führen.
Sie finden alles da und hie
So dumm und absurd wie sie.

Marie, wann wurde dieses große Geisteskind geboren?

Marie: 1455?! Er verfasste lateinische und griechische Komödien und wandte sich gegen die Verbrennung alter jüdischer Schriften und er bereitete den Weg zum Althebräischem Studium. Zu seiner Verteidigung wurden die Dunkelmännerbriefe" verfasst!

Avraam: Gutes Kind, sag bitte niemandem, dass du dies gelernt hast! „die Dunkelmännerbriefe!" Die Zeiten sind dunkler geworden, dunkler als jemals zuvor.

Marie: Ja, aber das stimmt doch!

Avraam: Aijaja! Ich weiß! Nur, nur behalte es in deinem offenem Geist. Reduzieren wir es auf einen großen Humanisten, der große griechische und lateinische Komödien verfasste, das althebrä ...
... ähhm das mit der anderen Sprache ist nicht so wichtig! Aijajaja die Zeiten sind dunkler geworden, dunkler als jemals zuvor!

Avraam spricht mit sich selbst:
(Sieht dabei an die Decke, in Gedanken versunken):

Ich fühle der Nachtes Kälte
wie sie uns umarmt,
der Sonnenwonne Wärme uns stielt,
der Gedanken Freiheit uns beraubt.
Das Antlitz der Zeiten dunkelstes Gesicht,
verspüre ich, mein Geist wird so zum
Wicht.
Halte immer an der Gegenwart fest.
Jeder Zustand, ja jeder Augenblick,
ist von unendlichem Wert,

poetisch vorzutr.   denn er ist der Repräsentant
einer ganzen Ewigkeit.
Einen Tyrannen zu hassen,
vermögen auch knechtische Seelen.
Nur wer die Tyrannei hasset,
ist edel und groß.
Denn wer spät im Leben
sich verstellen lernt,
der hat den Schein
der Ehrlichkeit voraus.

Marie: Herr Abraham, wenn ich mich recht
entsinne, wollten Sie doch heute die
Philosophie unterrichten!

Avraam: So fern wieder schweifen meine
Gedanken, dass ich vergaß, was wollte
ich sagen? Aijajaja, mein goldener
Sonnenschein, wie recht du doch hast.
Die Philosophie. Sie ward zu finden im
fernen Hellas bei den Freunden der
Weisheit.

Marie: Herr Abraham, was machten denn die
Freunde der Weisheit?

Avraam: Mein Goldenkind, der Mensch glaubt, was er sieht und handelt nach Belieben, um sich seine eigene Wahrheit zu schaffen!

Marie: Herr Abraham was ist denn Wahrheit?

Avraam: Wahrheit suchte der Alte Thales, der erste Philosoph des Abendlandes, der im Jahre 625 vor Christus geboren wurde. Er vertrat die Meinung, dass die Relevanz nie im Sichtbaren der Welt zu finden ist, sondern vielmehr im Inneren der Dinge verborgen liegt. Genau hier muss der Mensch nach wahrer Erkenntnis streben.

Marie: Aber was ist der Mensch im tiefen Wesen seines Inneren gut oder böse?

Avraam: Mein Sonnenkind vielmehr stellt sich die Frage wie handelt der Mensch, gut oder böse?

Marie: Herr Abraham, aber warum handeln die einen gut und die anderen böse?

Avraam: Im Jahre 470 vor Christus wurde in Athen der große Philosoph Sokrates geboren. Einst kam zu ihm ein Jüngling und sagte: „Sokrates, ich muss dir etwas über deinen Freund erzählen." Doch Sokrates unter brach ihn und erwiderte: „Hast du das, was du mir berichten möchtest, durch die drei Siebe hindurch gelassen? Durch das Sieb des Guten, des Nutzens und der Wahrheit?" Der Jüngling antwortete verschämt: „nein, Sokrates!" Der Weise antwortete: „wenn das, was du mir berichten, möchtest weder gut noch nützlich ist, und auch nicht der Wahrheit entspricht, so behalte es für dich!"

Marie: Aha, die Drei Siebe also!

Avraam: Mariechen, mein myrteschönes Goldenkind. Erkennst du, was der weise Sokrates uns damit zu sagen vermag?

Marie: Nein, Herr Abraham, ich glaube nicht!

Avraam: Ach Mariechen, nur schlaue Menschen diskutieren Ideen, durchschnittliche Menschen unterhalten sich über Ereignisse und im Geiste einfache Menschen reden über andere Menschen. Das ist Blasphemie! Unser Geist ist wie ein fruchtbares Feld. Wie auch der Wind die Samen wohltuender Kräuter sät, so sät er auch die des Unkrautes. So wirken auch die Gedanken und die Worte unserer Mitmenschen auf unseren Geist. Wie der Wind auf das fruchtbare Feld. Mein Goldenkind, gib Acht, dass das Wort Menschlichkeit niemals zum bloßen Fremdwort für dich wird. Denn Menschen lassen sich prägen, sind aber nur dann Mensch, wenn sie Mensch zum Menschen sind.

Marie: Herr Abraham, ich denke ich weiß, was sie meinen.

Avraam: Ohhjeeh, ajajaja, unsere Stunde neigt sich dem Ende. Morgen berichte ich dir mehr, denn Morgenstunde hat Gold im Munde.

Mariechen verlässt das Klassenzimmer. Avraam bleibt sitzen. Schaut ein wenig traurig und ergreift aus seinem Schreibtisch eine Flasche Wein und ein Glas und spricht mit sich selbst. Er ist bedrückt, da er spürt, wie die Gesellschaft sich verändert.

Avraam: Nun trinke ich ein Wein
am helllichten Tag?
Zum Sinne Schärfen?
Oder die Flucht des Toren als düstere Tat!
Doch ist dies nicht das Rauschmittel
für große Geister?
Denn nur der Tor handelt mit
benommenen Sinnen töricht.
Der Geistreiche jedoch mit jedem
Schluck der Schwelle zum Reich des
Dionysos näher rückt.
Im Reich des Gottes der schönen
Künste, des Weibes und des Gesanges,
sich lassen von den schönen Nymphen
mit rauschenden Klängen verzaubern
um der Wahrheit Antlitz zu erblicken.
In Vino Veritas. Veritas in Vino!
Doch wie schrieb einst mein Goethe:
„wer Wein verlangt, der keltere reife Trauben".

16

Ajajaja denn des Geistes Wahrheit liegt in reifen Trauben. Die Zeiten sind dunkler geworden, dunkler als jemals zuvor *(Schaut verträumt an die Decke)*. was wird man noch über den alten Juden Avraam erzählen!

Einspielen von Tonband "Jiddisches Lied Deidideldei" Abraham tanzt dazu ca. 60 Sekunden.

Schleier senkt sich. Klavier beginnt mit der Melodie Winterhagel, danach setzt Orchester ein. Etwa 3Minuten.

Schleier wird nach oben gezogen, Bühnenbild wurde umgebaut.
Maries Kinderzimmer mit Bettchen. Sie liegt mit ihrem Bärchen im Bett und träumt Folgendes in Szene 0.4.

Alle Sprachdialoge hört man aus dem Hintergrund vom Tonband. Marie liegt bei gedämmtem Licht mit Bärchen im Bett.

Schauspiel wird an dieser Stelle unterbrochen. Alle Beteiligten
verharren im Standbild, während der Chor die Bühne betritt.

<u>Friede!</u>
Friede sei das Losungswort,
auf der Welt, auf der Welt, an jedem Ort!
Lasst uns um den Frieden bitten,
hier inmitten von Vergeltung, Hass und Mord.

Friede, Friede auf der Welt, an jedem Ort
lasst uns um den Frieden bitten,
hier inmitten von Vergeltung, Hass und Mord.

Friede kehre wieder ein!
Kriege sollen nimmer sein!
Lasst uns nach dem Frieden trachten,
darauf achten, dass wir uns nicht stets entzwei´n

Friede! Friede! Kriege sollen nimmer sein!
Lasst uns nach dem Frieden trachten,
darauf achten das wir uns nicht stets entzwei´n

Friede heißt die Liebesmacht,
die dem Menschen Glück gebracht.
Lasst zum Frieden uns hinwenden
und beenden Elend, Not und Todesnacht.

Friede! Friede! heißt die Liebesmacht,
die dem Menschen Glück gebracht.
Lasst zum Frieden uns hinwenden
und beenden Elend, Not und Todesnacht.

Friede, der für ewig hält, sei beschert
Der ganzen Welt.
Lasst uns diesen Frieden stiften,
nicht vergiften diese Zeit durch Sucht nach Geld.

Friede! Friede! der für ewig hält, sei beschert
Der ganzen Welt.
Lasst uns diesen Frieden stiften,
nicht vergiften diese Zeit durch Sucht nach Geld.

Musiktheater Winterhagel

Friede

Dreistimmig-gemischter Chor - Tenor ad libitum

In ruhigen Halben fließend vorzutragen.

1. "Frie- de" sei das Lo- sungs- wort auf der Welt an
2. Frie- de keh- re wie- der ein! Krie- ge sol- len
3. "Frie- de" heißt die Lie- bes- macht, die den Men- schen
4. Frie- de, der für e- wig hält, sei be- schert der

1.-4. Frie- de! Frie- de! (ab hier: Text wie oben)

1. je- dem Ort! Laßt uns um den Frie- den bit- ten
2. nim- mer sein! Laßt uns nach dem Frie- den trach- ten,
3. Glück ge- bracht. Laßt zum Frie- den uns hin- wen- den
4. gan- zen Welt! Laßt uns die- sen Frie- den stif- ten,

1. hier in- mit- ten von Ver- gel- tung, Haß und Mord!
2. da- rauf ach- ten, daß wir uns nicht stets ent- zwei'n!
3. und be- en- den E- lend, Not und To- des- nacht!
4. nicht ver- gif- ten die- se Zeit durch Sucht nach Geld!

Marie: Bärchen, mein liebes Bärchen, es war interessant in der Schule, was mir der Lehrer Abraham erzählte. Er erzählte von schlauen Männern wie Thales und Sokrates würden sie regieren hätten wir keinen Krieg!

Bärchen: Ist nicht der Weihnachtsmann auch ein weiser Mann? Es ist doch bald soweit, vielleicht Können wir uns bei ihm Frieden wünschen?

Marie steht auf in Ihrem Traum mit Bärchen im Arm und fängt an mit dem Weihnachtsmann zu reden.

Marie: Oh Du lieber Weihnachtsmann
Ich wünsche mir Glück und Liebe
uns Menschen hier auf Erden.

**Marie &
Bärchen:** Vielleicht wird es dann auch frieden werden.

Marie: Oh Du lieber Weihnachtsmann
Ein Geburtstag an dem Kinder sterben
An dem Menschen leiden Hunger.
In dieser Zeit trägt mein kleines Herz nur Kummer.

**Marie &
Bärchen:** Lass uns dieses Leid besiegen,
was ich mir wünsch, ist doch nur Frieden.

Marie: Oh du lieber Weihnachtsmann

Besinnlichkeit auch im Krieg
Wer trägt ihn davon, den Sieg?

Marie &
Bärchen: Lass uns dieses Leid besiegen,
was ich mir wünsch, ist doch nur Frieden.

Marie: Oh du lieber Weihnachtsmann
Trauer und Tod
Unsere Welt wird beherrscht von lauter Not.

Marie &
Bärchen: Lass uns dieses Leid besiegen,
was ich mir wünsch, ist doch nur Frieden.

Marie: Oh du lieber Weihnachtsmann,
zeig´s uns, wir können uns doch alle lieben.

Marie &
Bärchen: Lass uns dieses Leid besiegen,
was ich mir wünsch, ist doch nur Frieden.

Marie steht mit Bärchen auf dem Arm vor Ihrem Bett und sagt zu Bärchen.

Marie: mein liebes Bärchen, mein liebes, vielleicht wird in zwei Tagen der Frieden unter dem Weihnachtsbaum liegen und Papa kommt auch wieder nach Hause.

Bärchen: Was wir uns doch wünschen, ist nur ein bisschen Frieden.

Marie und Bärchen legen sich zurück ins Bett, das Licht wird dunkel der Schleier senkt sich und das Klavier spielt die Melodie „Winterhagel".

Bühnenbild: Szene 0.6 Klassenzimmer, der Kalender zeigt 22.Dezember 1944 Schleier öffnet sich Musik ist aus.

Schauspiel wird an dieser Stelle unterbrochen. Alle
Beteiligten verharren im Standbild, während der Chor
die Bühne betritt.

Morgengruß

Ein frohes Lied erklinge hell,
weil wir guter Dinge sind!
Die helle Sonne ist zur Stell,
die Dämmerung weicht dem tag geschwind!

An jedem Morgen glänzt die Welt,
als wie zur stund geschaffen neu;
der Tau entschwebt, der Nebel fällt,
die Seele singt den Tag herbei!

Wie einst die Welt entstanden ist,
erwacht sie jeden Morgen neu;
ein jeden Nacht ihre Frist,
der Morgen macht die Seele frei!

Ein helles Lied erklinge froh,
dieweil wir guter Dinge sind!
All hier bei uns und irgendwo:
Gegrüßt sei Mann und Frau und Kind!

Musiktheater Winterhagel
Morgengruß

Dreistimmig-gemischter Chor

Frohlich und frisch vorzutragen!

1. Ein fro-hes Lied er- klin- ge hell, die- weil wir gu- ter Din- ge sind! Die hel- le Son- ne ist zur Stell', die Dämm'-rung weicht dem Tag ge-schwind!

2. An je- dem Mor- gen glänzt die Welt, als wie zur Stund' ge- schaf- fen neu; der Tau ent-schwebt, der Ne- bel fällt, die See- le singt den Tag her- bei!

3. Wie einst die Welt ent- stan- den ist, er- wacht sie je- den Mor- gen neu; ein' je- de Nacht hat ih- re Frist, der Mor- gen macht die See- le frei!

4. Ein hel- les Lied er- klin- ge froh, die- weil wir gu- ter Din- ge sind! All- hier bei uns und ir- gend- wo: Ge- grüßt sei Mann und Frau und Kind!

23

Avraam betritt das Klassenzimmer, Mariechen sitzt mit Bärchen am Platz, der Kalender zeigt das Datum 22.12.1944.

Avraam: Shalom und guten Morgen, mein liebes Mariechen

Marie: Guten Morgen, Herr Abraham!

Marie: Herr Abraham, was bedeutet denn eigentlich Shalom?

Avraam: Marie, Shalom ist hebräisch und bedeutet Friede, Friede sei mit dir.

Marie: Friede, Friede sei mit dir. Danke, Herr Abraham.

Avraam: Marie, wir fahren heute fort, wo wir gestern endeten, bei den griechischen Philosophen. Hast du denn noch eine Frage?

Marie: Ja, Herr Abraham, warum haben wir keinen **Philosophen** als Reichskanzler? Dann hätten wir doch sicherlich Frieden?

Avraam: Aijajaja Mariechen, gutes Kind, sage nicht so etwas, Aijajaja, behalte es in deinem freien Geist, aber sag es nicht laut. Aijajaja die Zeiten sind dunkel geworden, dunkler als jemals zuvor!

Marie: Aber wieso denn Herr Abraham?

Avraam: Wie recht du doch hast mein Goldenkind.

24

Entsinnst du dich noch an Sokrates?

Marie: Ja, natürlich, der weise Philosoph, der nach Wahrheit strebte.

Avraam: Er sprach sich zeit seines Lebens öffentlich gegen die Todesstrafe aus und gegen das Denunzieren politischer Gegner. Die Regierung aber klagte ihn an, so wurde er vor ein demokratisches Gericht gebracht und zum Tode verurteil. Die Athener töteten sogleich den edelsten Geist, den die Stadt je hervorbrachte.

Marie: Herr Abraham, was bedeutet den ein demokratisches Gericht?

Avraam: Nun, mein Kind, in Athen entstand im Jahre 450 v.Chr. die erste Demokratie, und so sollten 500 Bürger von Athen als Geschworene über die Strafe entscheiden.

Marie: Herr Abraham, dieser Sokrates war doch ein weiser Mann. Warum sollte denn das Volk ihn bestrafen?

Avraam: Mariechen, der Einzelne handelt in der Masse wie die Masse selbst in einer Art Eigendynamik. Die, welche in geistiger Armut leben, deren Geistesnahrung war in der Vergangenheit die Lust an der Sensation, deren Geistesnahrung ist heute die Sensation und der künftige

Bedarf an Geistesnahrung wird auch die Sensation bleiben.

Marie: Aber hörten die Menschen Sokrates nicht gerne

Avraam: Doch, doch Marie, alle hörten Sokrates gerne sprechen, doch die Regierenden fühlten sich in ihrer Missetat entlarvt. Nach der Anklage wollten jedoch alle, die ihn gern hörten, seinen Tod. Doch wie schrieb mein liebster Johan Wolfgang von Goethe in Faust zweiter Teil:
Die Menge schwankt im ungewissen Geist, dann strömt sie nach, wie der Strom sie reißt!

Marie: Aber hat er sich nicht verteidigt? Er hat doch nichts verbrochen!

Avraam: Sein Verbrechen war sich für die Menschlichkeit und die Menschenrechte einzusetzen! Er fragte und hinterfragte die Antworten. Für diese Überzeugung nahm er den Tod auf sich.

Marie: Sie meinen, dass damals Menschen, die eine andere Überzeugung hatten als die Jenigen, die regierten, ein Unrecht wiederfuhr und die Menge der Menschen wegsah?

Avraam: Marie, mein Goldenkind, gestern wie heute und heute wie Morgen!
Doch wie schrieb mein liebster Johann

Wolfgang von Goethe in Zahmen
Xenien zweiter Teil:
Ich habe gar nichts gegen die Menge
Doch kommt sie einmal ins Gedränge
So ruft sie, um den Teufel zu bannen,
Gewiss die Schelme, die Tyrannen.

Marie: Und weil Sokrates dies erkannte, verteidigte er sich nicht?

Avraam: Ein ehemaliger Schüler von Sokrates, er hieß Platon, der verteidigte ihn später und stellte die Demokratie infrage. Er erkannte in diesem Todesurteil den großen Widerspruch zwischen den tatsächlichen Verhältnissen einer Gesellschaft und den wahren Ideellen.

Marie: Aber kann man eine Demokratie nur dann ablehnen, wenn man in ihr aufwächst und man deren Vorteile man nicht mehr sieht?

Avraam: Nach Platon sollten alle Menschen nach Erkenntnis und Weisheit streben. Er erkannte aber, dass die Masse der Menschen der Einfältigkeit unterliegt.

Marie: Was für eine bessere Idee als die Demokratie hatte den Platon?

Avraam: Platon verfasste die These des „Philosophenstaates".

Marie: Heißt das, dass alle im Volk Philosophen werden sollten?

Avraam: Nein Marie, Philosoph kann man nicht werden, genauso wenig wie sportlich oder musikalisch. Entweder man ist es oder man ist es nicht.

Marie: Was bedeutet denn dann diese These?

Avraam: Platon teilte den Staat in drei Teile, wie den Körper. Kopf – Brust-Unterleib. Jeder dieser drei Teile besitzt eine Charaktereigenschaft und ein Ideal. Zum Kopf gehören die Vernunft als Charaktereigenschaft und die Weisheit als Ideal. Zur Brust gehören der Wille als Charaktereigenschaft und der Mut als Ideal. Zum Unterleib gehören das Begehren als Charaktereigenschaft und die Mäßigkeit als Ideal. Und erst wenn alle drei Teile gleichmäßig in Einheit und Harmonie stehen, entsteht der rechtschaffende Mensch.

Marie: Man sollte also den Verstand einsetzen, um Weisheit zu erlangen. Mit eigenem Willen auch Mut beweisen, wenn es notwendig ist, und im Begehren mäßig sein, um niemandem etwas wegzunehmen. Damit wären auch Kriege überflüssig. Das verstehe ich, aber wie bezieht Platon das auf eine politische Ordnung?

Avraam: Der Kopf ist der Herrscher, die Brust ist der Wächter und der Unterleib ist der Handelstand und das Volk. So wie der

Kopf mit Vernunft den Körper lenkt, so lenkt der Herrscher mit Weisheit den Wächter. So wie die Brust den Unterleib mit Mut schützt so schützt der Wächter mit gutem Willen und Mut den Handelsstand und das Volk. So wie der Unterleib begiert, sollte der Handelstand und das Volk Mäßigkeit im begieren zeigen, um in Harmonie zu leben.

Marie: Und wenn man Mäßigkeit in der Begierde nach Macht und anderen Ländern zeigt, wären alle Kriege, große wie kleine, überflüssig. Platon wollte also damit sagen, dass nur die Weisesten die Gesellschaft lenken sollten!

Avraam: Ja Marie, nur die Weisesten, unabhängig von Herkunft, Geschlecht und politischen Verbindungen und weil die Kindererziehung in diesem Staat so wertvoll ist, sollte diese auch der Staat übernehmen und nicht der Einzelne.

Marie: Das könnte ja die Grundidee unserer Schule sein!

Avraam: Ja Marie, das könnte sie gewesen sein! Die unseres Einzelunterrichtes. Aber nun mein Goldenkind ist erst mal um unsre Stund. Wir sehen uns morgen, denn der Morgen hat Gold im Mund.

Avraam sieht nach oben und spricht verträumt vor sich hin.

Das Licht .....
Wo befindet sich das Licht,
welches bestimmt das Leben.
Ich verlier dich nicht aus der Sicht,
werd mich jeden Tag erneut erheben,
erkennen, was es heißt, Mensch zu sein.
Die Welt in Schlechtheit und Schönheit erleben,
Um nie die Hoffnung zu vergessen,
wenn sie erscheint auch noch so klein.

Marie: Auf Wiedersehen und bis morgen, Herr Abraham

Avraam: Auf Wiedersehen Marie, bis morgen und Shalom.

Szene 0.7 Marie träumt nachts 22. Dezember 1944

Schleier wird gesenkt.. Orchester beginnt, die Melodie „Winterhagel" zu spielen, etwa 3 Minuten. Hinter Schleier ist das Bühnenbild, das Wohnzimmer der Familie von Zimmerfeld. Auch im Wohnzimmer befindet sich ein Wandkalender, der das Datum 22.12.1944 anzeigt. In der Mitte ist ein alter Wohnzimmertisch, auf dem ein Adventskranz steht, die Kerzen leuchten schwach, und Mariechen liegt mit Bärchen im Arm und ist eingeschlafen. Schleier hebt sich und Musik verstummt. Eine Stimme vom Tonband spricht Maries und Bärchens Gedanken im Schlaf und wiederholt die letzten Zeilen, die der Lehrer Avraam sprach.

Marie: ... so kannst du die Welt im Schlechten und Schönheit erleben und niemals vergessen die Hoffnung, erscheint sie auch noch so klein.

Bärchen spricht im Traum zu Marie:

Bärchen: Mariechen, mein treuester Freund, vielleicht wird es frieden werden, wenn wir die Hoffnung nie vergessen!

Marie: Oh du liebe Weihnachtszeit
Das ganze Jahr bist du so weit.
Der Mensch, vom Krieg geplagt,
tragen die Seelen eine Mauer
bestehend aus lauter Trauer.

Bärchen: Oh du lieber Weihnachtsmann,
schenk uns Glück und Seeligkeit
für Heut und Morgen.
Erst dann wird kommen eine bessre Zeit,
in der schwinden des Menschen Sorgen.

Die Tonband Ansage: Es war so still im Zimmer, das man hören konnte, wie sich die vier Kerzen am Weihnachtskranz unterhielten:

Tonbandstimme: Die erste Kerze sagt.

**Grüne
Kerze:** Ich bin der Glaube aber niemand benötigt mich noch. Die Gier nach mehr Besitz hat mir in der Menschenwelt meinen Platz geraubt. Jeder glaubt nur noch an sich selbst und nicht mehr an das Wesentliche. Das macht mich traurig, so traurig, dass ich zu müde geworden, um meinen Platz wieder zu finden.

Tonbandstimme: Und als ein kleines Lüftchen kommt, erlischt die Kerze leise.
(Geräusche Tonband, Wind Kerze erlischt)

Tonbandstimme: Die zweite Kerze sprach.

**Gelbe
Kerze:** Ich bin der Friede und ich bin überflüssig geworden. Die Hektik hat mich in der Menschenwelt abgelöst. Die Menschen haben ihre Zeit und Ruhe verloren. Sie fechten Kriege und tragen Kämpfe für Macht und Geld aus. Ich finde in dieser Welt meinen Platz nicht mehr.

Tonbandstimme: Sie erlosch ganz leise.
(Geräusche Tonband, Wind Kerze erlischt)
Tonbandstimme: Die dritte Kerze erwiderte.

Rote
Kerze: Ich bin die Liebe und ich bin unmodern geworden. Die Zweckmäßigkeit hat mich in der Menschenwelt ersetzt, der Egoismus hat mich verdrängt. Der Mensch liebt nur noch die   Macht und das Geld. Die Liebe zum Menschen hat er verloren. Ich kann mich nicht mehr wehren. Die Gier hat meinen Platz eingenommen.

Tonbandstimme: Kurze Zeit später erlosch auch sie.
(Geräusche Tonband, Wind Kerze erlischt)

Mariechen erhebt sich vom Sofa und schreit erschrocken:
Marie: Was ist denn mit euch los, ihr müsst doch brennen.
Tonbandstimme: Da hört sie die vierte Kerze sprechen.
Blaue
Kerze: Halte ein kleines Mariechen, halt ein kleines Menschenkind. Solange es mich noch gibt in der Menschenwelt, kannst du die erloschenen Kerzen an mir neu entflammen. Ich bin die Hoffnung. Ich bin unsterblich, solange du an mich glaubst und mich nicht vergisst.

Marie nimmt die vierte Kerze entzündet die erloschenen drei und legt sich zu Bärchen auf das Sofa und schläft wieder ein. Schleier senkt sich Musik „Winterhagel setzt ein etwa 3-Minuten-Bühnenbild wird zum Klassenzimmer gedreht.

Schauspiel wird an dieser Stelle unterbrochen. Alle Beteiligten verharren im Standbild, während der Chor die Bühne betritt.

Glaube, Hoffnung, Liebe

Glaube, Hoffnung, Liebe,
diese Drei; doch die Liebe
ist die Größte unter ihnen!
Doch die Liebe
ist die Größte unter ihnen!

Ich glaube an das Licht;
Es strahlt am Horizont,
es scheint in dein Gesicht,
weil in dir Liebe wohnt!
Glaube, Hoffnung, Liebe,
diese Drei; doch die Liebe
ist die Größte unter ihnen!
Doch die Liebe
ist die Größte unter ihnen!

Ich hoffe auf den Tag,
der durch die Dunkelheit,
uns Liebe bringen mag;
alles zu seiner Zeit!
Glaube, Hoffnung, Liebe,
diese Drei; doch die Liebe
ist die Größte unter ihnen!
Doch die Liebe
ist die Größte unter ihnen!

Ich spüre die Liebeskraft,
die in den Menschen ist
und Lebensfreude schafft,
wenn du sie nicht vergisst!
Glaube, Hoffnung, Liebe,
diese Drei; doch die Liebe
ist die Größte unter ihnen!
Doch die Liebe
ist die Größte unter ihnen!

Musiktheater Winterhagel

Glaube, Hoffnung, Liebe

Fließend vorzutragen.   Dreistimmig-gemischter Chor   Stefan Bothur

Glau- be, Hoffnung Lie- be, die- se drei; doch die Liebe ist die größ- te un- ter ih- nen! Doch die Liebe ist die größ- te un- ter ih- - - - - nen!

1. Ich glau- be an das Licht; es strahlt am Ho- ri- zont;
2. Ich hof- fe auf den Tag, der durch die Dun- kel- heit
3. Ich spür die Lie- bes- kraft, die in den Men- schen ist

1. es scheint in dein Ge- sicht, weil in dir Lie- be wohnt.
2. uns Lie- be brin- gen mag; al- les zu sei- ner Zeit!
3. und Le- bens- freu- de schafft, wenn du sie nicht ver- gißt!

D.C. / Nach Vers 3 D.C. al Fine

35

Avraam: Guten Morgen und Shalom, Marie.

Marie: Guten Morgen, Herr Abraham.

Avraam: Hast du zu Beginn der Stunde noch Fragen Marie?

Marie: Ja habe ich, Herr Abraham!

Avraam: Nun welche, Marie? Ich bin ganz Ohr!

Marie: Sokrates lebte in einer Demokratie. Als er sie durch Idealismus wirklich gerecht machen wollte, klagte die Regierung ihn an und das Volk verurteilte ihn zu Tode. Sein Schüler Platon verteidigte ihn, weil er den Unterschied zwischen der einfältigen Masse und dem Idealismus erkannte. Er verfasste die These des Philosophenstaates zum gerechten und weisen Regieren. Nur woher wissen wir, was richtig ist in unserer heutigen Realität?

Avraam: Was ist Realität? Ist es dieser Zustand des gegenwärtigen Krieges? Könnte es nicht im Willen des Einzelnen liegen diesen Zustand des Seins zu verändern? So wird doch aus dieser Realität die Vergangenheit und das einzelne Individuum bestimmt die Zukunft positiv!

Marie: Warum hört man Tag und Nacht im Radio, das dieser Krieg notwendig ist?

Avraam: Wird nicht von diesen sogenannten Realisten die Ergebnisse ihrer Handlungen und Missetat als Realität indoktriniert? Diese Realisten haben es nicht erkannt, dass ihre Wahrnehmung stets temporär ist und von externen Geschehnissen geprägt wird. So erkennen wir Marie, dass diese Realität doch nur relativ ist und die Oberfläche der eigentlichen Tiefe, der geistigen Abstraktion, darstellt.

Marie: Hab ich sie richtig verstanden, dass die Masse der Menschen also nie erkennen wird, welcher Weg der richtige ist?

Avraam: Marie, die Masse wird dies nie erkennen, immer nur wenige.

Marie: Wie erkennen denn die wenigen, was Wahrheit ist?

Avraam: Indem sie sich selbst erkennen. Erst dann ist es möglich, andere zu erkennen. Dies hat Platon schon damals mit seinem Höhlengleichnis zu sagen versucht.

Marie: Was besagt denn dieses Höhlengleichnis, Herr Abraham?

Avraam: Platon beschreibt die Menschen in einer dunklen Höhle, an einen Stuhl bewegungsunfähig festgebunden. Die einzige Lichtquelle in dieser dunklen

Höhle ist ein Feuer, das hinter ihren Rücken brennt. Vor diesem Feuer werden Gegenstände hin- und hergetragen. All diese Abläufe samt deren Figuren werden nun durch das Feuer als Schatten auf die Wand reflektiert, die vor den Menschen steht. Für sie sind also die Schatten Realität.

Marie: Wenn sie also so geboren wurden, und nichts anderes kennen ist das deren Realität.

Avraam: Genau, Marie! Nun fragt aber Platon, was wohl passieren würde, wenn man einen dieser Menschen losbindet und ihn zwänge seine neue Freiheit zu genießen?

Marie: Was würde denn passieren, Herr Abraham?

Avraam: Zunächst würde er es nicht als Freiheit empfinden, denn es mangelte aus seiner Sichtweise an nichts, denn er kannte nichts anderes. Wenn er sich nun umdreht, würde er Höllenschmerzen erleiden, denn seine Muskeln, seine Nerven und Gelenke haben sich nie zuvor bewegt. Denkst du Marie er, würde es als Freiheit empfinden?

Marie: Nein, Herr Abraham! Ich denke, er würde seine Freiheit als Strafe empfinden.

Avraam: Richtig, Marie. Es käme aber viel schlimmer. Er hat nicht nur die

Höllenschmerzen, sondern er würde in das Feuer sehen, und dieses blendet nun sein Augenlicht. Würde er denn noch die Schatten sehen, Marie?

Marie: Wenn er sich umdreht, würde er natürlich keine Schatten mehr sehen sondern das wirkliche Geschehen mit Farben und Gesichtern der Menschen.

Avraam: Richtig Marie! Zu diesen physischen Schmerzen, der Blendung würde jetzt noch die psychische Belastung der neuen Wahrnehmung dazu kommen. Seine Realität aus seiner Sichtweise ist ersetzt durch eine vielfältigere. Nun schleppt er sich unter Schmerzen eine steile Treppe zum Höhlenausgang hinauf. Als er ankommt, blickt er das erste Mal in seinem Leben direkt in das Sonnenlicht, das viel, viel heller als das Feuer ist. Was würde nun passieren Marie?

Marie: Er würde nichts mehr sehen, weil er geblendet ist.

Avraam: Richtig, Marie! Zunächst würde er nichts sehen. Nach und nach würden sich Schatten und Konturen bilden, und nach kurzer Zeit würde er die reale Welt klar wahrnehmen und in die Weite sehen können. Er würde von nun an wissen, dass seine vermeintliche Realität nur Schatten des Lichtes sind.

Marie: Was würde dieser Mensch nun mit seiner Erkenntnis tun wollen?

Avraam: Er würde nun zurück in die Höhle gehen wollen, um den anderen noch festgeundenen Menschen alles zu berichten. Anfangs würde er im Dunkeln nichts sehen und stolpern. Die Schatten könnte er nicht mehr mit seinen ehemaligen Mitgefangenen deuten, weil es für ihn nur noch Schatten sind. Seine Mitgefangenen würden ihn für verrückt und geblendet halten, seine Augen sind verdorben. Sie würden über ihn lachen, sie hätten Angst vor ihm und würden ihn sogar töten, falls er sie losbindet.

Marie: Mit der Tötung meinte Platon Sokrates?

Avraam: Richtig, Marie! Mit diesem Gleichnis will Platon zum Ausdruck bringen, dass der Mensch, der die Masse darstellt, in einer geistigen Höhle lebt. Die Höhle selbst ist hier die sinnlich wahrnehmbare Welt, und die Schatten sind nur die Abbildungen des wahren Seins. Der Weg des Höhlenaufstiegs steht in Platons Ideenlehre als Aufstieg der Seele zum tatsächlichen Zentrum des wahren Seins bis zur Erkenntnis des Guten und der Wahrheit, die durch die Sonne repräsentiert wird. Also sollten wir doch niemals unsere Denkkraft nur auf die sinnlich wahrnehmbare Welt lenken, die uns unmittelbar umgibt, sondern vielmehr darauf, was hinter dieser Welt in ihrem Sein liegt, auf den ideellen Ursprung der Welt und des Menschen. Und mit dem Ende nimmt Platon Bezug auf die Ermordung Sokrates, den die demokratisch gewählte Athener Regierung anklagte und hinrichten ließ.

Marie: Herr Abraham, haben wir nicht auch eine durch das Volk gewählte Regierung?

Avraam: Ja mein Goldenkind, auch diese Einpartei - Demokratie hat das Volk gewählt.

Marie: Herr Abraham, wie recht doch die Philosophen hatten. Gibt es denn auch deutsche Philosophen?

Avraam: „Gott ist tot" das sagte der 1844 in Sachsen geborene Friedrich Nietzsche. Er schrieb in seiner „Fröhlichen Wissenschaft".

Wohin ist Gott?
Ich will es euch sagen!
Wir haben ihn getötet, - ihr und ich!
Wir alle sind seine Mörder!
Aber wie haben wir das gemacht?
Wie vermochten wir das Meer auszutrinken?
Wer gab uns den Schwamm
um den gesamten Horizont wegzuwischen?
Was taten wir als wir die Erde
von der Sonne losketteten?
Wohin bewegt sie sich nun?
Wohin bewegen wir uns?
Fort von allen Sonnen?
Stürzen wir nicht fortwährend?

Rückwärts, vorwärts, seitwärts
nach allen Seiten?
Gibt es noch ein oben und ein unten?
Irren wir nicht durch ein unendliches Nichts?
Haucht uns nicht der leere Raum an?
Ist es nicht kälter geworden?
Kommt nicht immer mehr und mehr die Nacht?
Gott ist tot! Und Gott bleibt tot!
Wir haben ihn getötet! Wie trösten wir uns?
Wir Mörder aller Mörder!
Wir müssen Götter werden! Wir müssen Götter
werden!

Marie: Ohh das hört sich aber nicht sehr lieb und wohlwollend an. Was möchte den Friedrich Nietzsche damit sagen?

Avraam: Marie, Nietzsche analysierte seine Zeit, vor allem durch seine Auffassung nach der inzwischen marode gewordenen christlichen Moral. Dabei kam Nietzsche zum Entschluss, dass es eine geschichtliche Notwendigkeit ist, das die neuen Wissenschaften und der Rationalismus Gott ablösen und ihn unglaubwürdig gemacht haben.

Marie: Ich verstehe! Was schrieb er denn noch?

Avraam: „Der Übermensch"! Da ja der Mensch zu Gott werden soll, prägte er einen neuen Typus von Mensch, den er Übermensch nannte. Dieser ideale Menschentypus ist von den Wertevorstellungen und jeglicher Moral und Religion befreit, um sich jenseits davon ungehindert entfalten zu

können. Oberstes Ideal soll der „Wille zur Macht" sein. Alles sollte über sich herauswachsen, um zu herrschen. Und um zu besitzen.
Werte wie Mitleid ist nach Nietzsche eine Sklavenmoral, er forderte die Herren-moral. „Tod sind alle Götter nun wollen wir das der Übermensch lebe"

Marie: Herr Abraham so etwas Ähnliches hört man auch heute wieder auf der Straße, wenn die SA durch Pforzheim läuft.

Avraam: Ohhh mein Mariechen mein Goldenkind nun habe ich wieder soviel gesprochen und dabei eine Zeitlosigkeit erlebt. Unsere Letzte stund neigt sich dem Ende, so werden wir uns doch morgen in der Früh wiedersehen, denn Morgenstund hat Gold im Mund und Goldentahl beim Reden nie ne Qual.
(Lächelt)
Auf Wiedersehen und Shalom mein Kind.

Marie: Auf Wiedersehen Herr Abraham, ich werde heute viel zum Nachdenken haben. Herr Abraham, fröhliche Weihnacht.

Avraam: *(Sieht verträumt in die Leere).*
Ich fühle der Nachtes Kälte
wie sie uns umarmt,
der Sonnenwonne Wärme uns stielt,
der Gedanken Freiheit uns beraubt.
Das Antlitz der Zeiten dunkelstes Gesicht,
verspüre ich, mein Geist wird so zum Wicht.

Fröhliche und besinnliche Weihnacht, Marie mein
winterlicher Sonnenschein, fröhliche Weihnacht!
Marie verlässt das Klassenzimmer. Avraam
Goldentahl sieht verträumt an die Decke mit
traurigem Blick und spricht mit sich selbst.

Avraam: Wenn die SA durch Pforzheim marschiert,
hört man wieder dasselbe, der
Übermensch! Wie recht du doch hast.
(Poetisch vorzutragen).
Aus der schönen Sprache in der dachte der große Goethe,
macht ihr ein Schmutzgeschrei, es ist meinem Geist zuwider.
In der schönen Sprache in der Mozart schrieb die Zauberflöte,
in der Sprache schreit ihr nun schmutzige Lieder.

In Reih und Glied mit falschem Stolz marschieren.
Eure Leiber dabei in braune Gewänder hüllen.
Ohne Verstand und Willen nur eurem Führer parieren.
Hört auf! Hört auf! Uns Intellektuellen die Ohren zu zerbrüllen.

Ihr trachtet nach des Denkers Leben!
Ihr kleine Minderheit, Ihr Höllenhunde!
Mein freier Geist wird sich euch niemals ergeben!
Ihr Elends Minderheit verschafft der Welt ne blut´ge Wunde!

Eure Ideologie verdunkelt des Geistes Sonnenschein.
Hört auf! Mit dem Schmutzgeschrei aus eurem Munde.
Hört auf mit der Unterdrückung! Hört auf mit dieser Pein!

Licht geht aus Kulisse dreht zu Mariechens Kinderzimmer.

Szene 1.0   musikalische Einlage durch Chor

Schauspiel wird an dieser Stelle unterbrochen. Alle Beteiligten verharren im Standbild, während der Chor die Bühne betritt.

Sag Nein zum Krieg.

Sagt „Nein" zum Krieg! Lasst ruhn die Waffen!
Versucht den Frieden neu zu schaffen!
Weil jeder Krieg nie einen Sieg am End
doch immer nur Verlierer kennt.

Sagt „Stop" zur Gier und Macht Gelüsten!
Hört auf, die Erde zu verwüsten
Durch Eigennutz es sei der Schutz
Der Welt doch stets ganz oben angestellt!

Sagt „Halt" zu Menschenrechtsverletzung,
zu Annexion und Landbesetzung!
Wer frevelhaft die Nachbarschaft bedrängt,
doch in die falsche Richtung lenkt!

Sagt „Ja" zu Freundschaft und Geduld!
Gebt doch nicht immer anderen die Schuld
An alldem das ist bequem, doch fass
Ein jeder selbst sich an die Nas!

Musiktheater Winterhagel

Sag Nein zum Krieg

Szene 1.1 Traum Kinderz. Nachts 23. Dezember 1944
Marie liegt schlafend mit ihrem Bärchen im Arm und träumt. In ihrem Traum wiederholt sie die letzten Sätze ihres Lehrers Avraam.

Marie: Ich fühle der Nachtes Kälte wie sie uns umarmt der Sonnenwonne Wärme uns stielt, der Gedanken Freiheit uns beraubt. Das Antlitz der Zeiten dunkelstes Gesicht, verspüre ich, mein Geist wird so zum Wicht.

Bärchen: Platon sagte der Mensch soll zur Sonne streben, um zu erkennen, denn die Sonne ist das Gute und steht für die Erleuchtung. Nietzsche sagt Gott ist tot, wir haben die Sonne von der Erde losgekettet, wir bewegten uns fort von allen Sonnen, auf dass wir zu Göttern werden. Es lebe der Übermensch, ohne Mitleid als Sklavenmoral und nur mit der Herrenmoral. Weshalb haben wir den diesen schrecklichen Krieg?

Der Nachtes Kälte, wie sie uns umarmt,
der Sonnenwonne Wärme uns stielt,
der Gedanken Freiheit uns beraubt.
Das Antlitz der Zeiten dunkelstes Gesicht.
Haben wir Gott getötet?

Aus dem dunklen kommt ein Mann, es ist Friedrich Nietzsche. Der Scheinwerfer wird auf Nietzsche gerichtet. Er spricht mit Marie in ihren Träumen. Alles andere wird ausgeblendet.

Nietzsche: Guten Abend Marie, ich bin es Friedrich Nietzsche, über den du von deinem Lehrer Avraam unterrichtet wurdest. Gott ist tot, wir haben ihn getötet und nun herrscht der meinige Menschentypus, der Übermensch. Wir müssen zu Göttern werden.

Nietzsche wird ausgeblendet und ein in weißem Gehrock gekleideter Mann mit weißem Haar betritt die Bühne, der Scheinwerfer leuchtet ihn an. Er nennt sich der „unbekannte Philosoph".

Unbekannter

Philosoph: Guten Abend Marie, guten Abend Bärchen, ich habe die Ehre und vermag mich vorzustellen. Man nennt mich den unbekannten Philosophen und ich habe euch etwas zu berichten.

Gott kann sterben und Gott kann leben!

Du kannst ihn töten oder zum Leben erwecken. Marie, wenn du dein kleines Händchen zum Helfen reichst und dir das Geben seliger ist als das Nehmen, dann Marie, dann lebt Gott in dir, dann erweckst du ihn zum Leben.

Dann ist er gegenwärtig, der lebendige Gott, denn dann lebt er in dir durch deine Hand. Möchtest du Gott töten, so ist es vergebens ihn zu erdolchen oder zu erschießen. Wie fragte sogleich Nietzsche, wie haben wir Gott getötet? Mariechen, wenn du Gott verbannst, in alte Gemäuer, in Altäre aus Stein oder in ein Stück Holz, dann wird Gott zur bloßen Materie. Wenn du aber nie verstummst und dein kleines Händchen zur Hilfe reichst, deinen

Geist durch die Sonne erleuchten lässt, dann werden dir Neid und Missgunst fern, dann wird dir Geben seliger als Nehmen. Dann erkennst du, dass der Mensch doch nur ein Mensch ist, nur ein kleiner Teil vom Ganzen.

Denn möchtest du dich am Ganzen erquicken, so musst du das Ganze im Kleinsten erblicken.

Dann Mariechen wird Gott leben.

Der Nachtes Kälte wie sie euch umarmt wird schwinden, der Sonnenwonne Wärme euch wird streicheln, der Gedanken Freiheit steigt empor. Nur darf eines in dir nie schwinden, der Hoffnung stärkste Macht und des Glaubens fester Grund.

Des törichten Auge kann dieses nie erblicken. So kannst du verzweifelten Hoffnung bringen, verzagte aufrichten, hasserfüllten Gedanken des Friedens bringen, seelisch Einsamen Geborgenheit spenden und Misstrauischen das Gefühl von Vertrauen schenken. So wird dir des Glaubens fester Grund das Herz öffnen, damit du das Wesentliche im Menschen erkennst. So mögest du kleines Mariechen genügend Glück haben, das es dich weich machet, genügend Herausforderungen die dich starkmachen aber auch genügend Kummer, um in dir die Menschlichkeit zu bewahren, jedoch aber auch genügend Hoffnung um in dir das Glück zu bewahren.

Szene 1.2 musikalische Einlage durch Chor

Alle Beteiligten stehen auf der Bühne und singen im Chor. Schauspiel wird an dieser Stelle unterbrochen.

Ein neuer Tag

Ein neuer Tag hat uns zur Freud
die Dunkelheit besiegt;
Geborgen ist in Freud und Leid,
wer nächtlich schlummernd liegt.
Doch soll der Tag zur Quickung dienen;
der uns erquickt, wir loben ihn!
Ein neuer Tag hat uns zur Freud
die Dunkelheit besiegt;

Ein jeder Tag, der uns erscheint,
ist wie ein neu Geschenk;
Gibt's Sonne oder Regen heint,
wir sind stets eingedenk,
das wir der Welte Lauf nicht drehn,
nur staunend all die Wunder sehn!
Ein jeder Tag, der uns erscheint,
ist wie ein neu Geschenk;

Drum Menschen hier auf dieser Welt,
erfreut euch aufs Neu an jedem Licht,
das uns erhellt;
der Tag er macht uns frei,
die Nacht gab uns erholsam Ruh,
wir schlossen gern die Augen zu,
um sie am Tag zu öffnen neu,
dass uns die Sonn erfreu!

Musiktheater Winterhagel

Ein neuer Tag

Dreistimmig-Gemischter Chor

Text+Melodie+Satz:
Stefan Bothur

Fröhlich im Vortrag

1. Ein neu- er Tag hat uns zur Freud' die Dun-kel- heit be- siegt;
2. Ein je- der Tag, der uns er-scheint, ist wie ein neu Ge- schenk;
3. Drum Menschen hier auf die- ser Welt, er- freu- et euch auf's Neu'

1. ge- bor-gen ist in Freud' und Leid, wer näch-lich schlum-mernd liegt.
2. gibt's Son- ne o- der Re- gen heint, wir sind stets ein- ge- denk,
3. an je- dem Licht, das uns er- hellt; der Tag, er macht uns frei,

1. Doch soll der Tag zur Quickung dien'n; der uns er-quickt, wir lo- ben ihn!
2. daß wir der Wel- te Lauf nicht dreh'n,nur stau-nend all die Wun-der seh'n!
3. die Nacht gab uns er- hol-sam' Ruh', wir schlos-sen gern die Au- gen zu,

1. Ein neu- er Tag hat uns zur Freud' die Dun-kel- heit be- siegt;
2. Ein je- der Tag, der uns er- scheint, ist wie ein neu Ge- schenk;
3. um sie am Tag zu öff- nen neu, daß uns die Sonn' er- freu'!

Auf der rechten Bühnenseite: ist der Führerbunker Hitlers Arbeitszimmer aufgebaut. Großer Schreibtisch, dahinter an der Wand ein Hitler Portrait, links daneben die Reichskriegsflagge, rechts daneben die Hakenkreuzflagge.

Auf der linken Bühnenseite: ist Avraams Klassenzimmer eingerichtet wie immer mit einem Portrait von Johannes Reuchlin, Platon und der Kalender, der den 24.12.1944 anzeigt.

Linke Bühnenseite eingeleuchtet, rechte verdunkelt. Es ist vor Unterrichtsbeginn. Avraam ist alleine im Klassenzimmer. Er ist versunken in geistigen Reflektionen über die gesellschaftliche Entwicklung, den Krieg und die zunehmende Judenfeindlichkeit. Er verspürt, wie zunehmend sein Mut schwindet, um öffentlich das Unrecht zu verurteilen. In Gedanken auch in seiner Kindheit, in seiner Heimatstadt Pforzheim, die ihm zunehmend fremd und feindlich wird.

Avraam spricht mit sich selbst: *(Sieht dabei an die Decke in Gedanken versunken).*

Ich fühle der Nachtes Kälte, wie sie uns umarmt.
Der Sonnenwonne Wärme uns stiehlt,
der Gedanken Freiheit uns beraubt.
Das Antlitz der Zeiten dunkelstes Gesicht,
verspüre ich, mein Geist wird so zum Wicht.
Halte immer an der Gegenwart fest.
Jeder Zustand,

ja jeder Augenblick ist von unendlichem Wert,
denn er ist der Repräsentant einer ganzen
Ewigkeit.
Einen Tyrannen zu hassen,
vermögen auch knechtische Seelen.
Nur wer die Tyrannei hasset, ist edel und groß.
Denn wer spät im Leben sich verstellen lernt,
der hat den Schein der Ehrlichkeit voraus.

Frei denken, frei denken, wie einst die großen Freidenker, zu Tode kommen wie einst Sokrates, Tote kann man nicht mehr töten, ob dieser Tyrann oder der Nächste, denn das einzig Unsterbliche ist der Tod. Wenn unsere Stimmen auch verstummen, und deren Hall zu nächtlichen Schatten werden. Doch unsere Ideen werden weiter leben, den keine Tyrannei vermag die Kraft zu besitzen Geistesgut zu verfolgen, zu peinigen und zu ermorden. Es wird nie vergehen. Die Baumeister des Gedankenguts bleiben bestehen, frei, ja frei, den Geist erbauen. Frei wie die Maurerei. Ist der Mensch in seinem Wesen Gut oder Böse? Denn wie metamorphiert der Mensch?

Einst du warst ein kleines Kind
Und träumtest vom Fliegen im Wind.

Doch schau wie du wuchst heran,
aus dir wurd ein richtger Mann.
Nun bestehen deine Träume aus Moral und Recht,
die Suche nach dem Weg, damit dein Gemüt wird niemals
schlecht.

So zogen auch die Jahre ins Land
Aih schau, vergaßt du jemals deine helfende Hand?

Deine Haare wurden weiß und dein Gesicht auch faltig.
Deine Träume und dein Gemüt sind nun sehr gewaltig.

Gold, Ansehen und Macht
berrschen über deine Seele, wie ein Feuer ist es in dir entfacht

Einst als wir waren noch die kleinen Kinder, einst in dieser Zeit.
Schau zurück, wie dieser schöne Teil sich entfernt hat soweit.
Weißt du noch, von uns Kleinen der Große, heute sitzt er hinter
Schloss und Riegel.

Weißt du noch, von uns Kleinen der Rote, heute ließt er aus der
Bibel.

Weißt du noch, von uns Kleinen der Schüchterne, heute ist er Tod.

Weißt du noch, von uns der Laute, heute bringt er über ganze
Völker Leid und **NOT!**

Während Avraam dieses Gedicht spricht, wird er Hintergrund mit dem Klavier begleitet es wird die Melodie „Winterhagel gespielt. Sowie das Wort „NOT" ausgesprochen ist, geht der Scheinwerfer aus und die linke Bühnenhälfte wird mit Hitler eingeleuchtet.

Hitler: Freidenker! Freidenker!
Wie bittere Galle stößt mir das auf.
Töte Goethe!
Töte Reuchlin!
Du Freund der Judenschrift
Deiner Seele wünsch ich noch heute Gift.
Hohl der Henker all diese Denker!

*Die Gesellschaft meines heiligen Reiches besteht aus drei Gruppen.

Die gute Gruppe sind jene, denen selbstständiges Denken nicht angeboren ist. Die, die alles glauben, was sie lesen. Sie können das Dargebotene nicht selbst prüfen, ihre Tagesprobleme werden durch Äußeres beeinflusst. Diese Gruppe ist der Haufen der leichtgläubigen und Einfältigen.

Die unbeachtliche Gruppe sind jene, die aus der Guten wegfielen und überhaupt nichts mehr glauben. Sie sind der Wahrheit verschlossen und für keine positive Arbeit zu gebrauchen.

Die kleinste Gruppe sind jene, die selbstständiges Denken haben, die alles Gelesene prüfen und weiterentwickeln, deren Hirn immer am Arbeiten ist. Sie haben eigene Anschauungen, sie sind die Unterstützung und die Gefahr. Nach ihrer Verwendbarkeit müssen sie gegeneinander antreten. Die weiterhin unangepasst bleiben, sind die Minderheit der schlechtesten Elemente, ein Haufen Wahnsinniger, geisteskranker Intelligenzpazifisten, Krittler, Vergifter, charakterlose Egoisten, verräterische Zerstörer, und Hanswursten. Sie müssen isoliert, geächtet und vernichtet werden!

*Sinngemäß aus Adolf Hitlers Buch „Mein Kampf"

Winterhagel

Alle Beteiligten stehen auf der Bühne und singen im
Chor. Schauspiel wird an dieser Stelle unterbrochen.

Vergesset nicht

Vergesset nicht! Vergesset nicht!
Die Not und das Leid!
Es sei des Menschen erste Pflicht:
Frieden alle Zeit!

Vergesset nicht! Vergesset nicht!
Die Mühsal und Plage!
Es sei dem Menschen erste Pflicht:
Frieden alle Tage!

Vergesset nicht! Vergesset nicht!
Die Tränen und Schmerzen!
Es sei dem Menschen erste Pflicht:
Frieden in den Herzen!

Vergesset nicht

Dreistimmig-gemischter Chor

Text + Melodie + Satz:
Stefan Bothur

Mahnend und fließend vorzutragen.

1.-3. Ver- ges- set nicht! Ver- ges- set nicht

1. die Not und das Leid!
2. die Müh- sal und Pla- ge!
3. die Trä- nen und Schmer- zen!

1.-3. Es sei des Men- schen er- ste Pflicht:

1. Frie- den al- le Zeit!
2. Frie- den al- le Ta- ge!
3. Frie- den in den Her- zen!

Linken Bühnenseite: Klassenzimmer wird eingeleuchtet.

Rechte Bühnenseite: Hitlers Büro wird verdunkelt.
Eine männliche Stimme schreit aus dem Hintergrund
seinen Namen.

„AVRAAM GOLDENTAHL"

Avraam ruft fröhlich zurück:

Avraam: Fröhliche Weichnacht.
Shalom mein Freund,
tritt ein,
bring Glück herein"

Als er bemerkt das es die GeStaPo ist, zwei GeStaPo
Beamte betreten mit symbolisch verbunden Augen
das Klassenzimmer.

GeStaPo: Was sagten sie?
Was hörte ich?
Shalom mein Freund?

Avraam: Schal ... um, ich sagte Schal um!

GeStaPo: Wie bitte?
Hörte ich nicht etwas anderes?

Avraam: Nein, ich meinte legen sie sich ein
Schal um den es ist kalt, die Zeiten
sind kälter als jemals zuvor.
(Wendet das Gesicht zur Seite und spricht zu sich
selbst)
          Einen Tyrannen zu hassen
vermögen auch knechtische Seelen.

Nur wer die Tyrannei hasset, ist edel
und groß. Denn wer spät im Leben
sich verstellen lernt, der hat den
Schein der Ehrlichkeit voraus!

GeStaPo: Goldenthal! Sie werden mit uns
kommen, das Reich benötigt ihre
Arbeitskraft in Auschwitz. Es fehlen
dort Lehrkörper! Lehrkörper fehlen
noch!

Avraam fühlt in seinem tiefen Innerem, dass dies eine
Reise ohne Wiederkehr ist. Musik setzt ein, Klavier und
Panflöte spielen die Melodie „Air von Johann Sebastian
Bach". Avraam singt dazu folgenden Text:

Avraam:
Der letzte Zug wird fahren,
an Stationen werden sich sammeln die ganzen Leute.
Schau, wie sie einsteigen in ganzen Scharen.
Wann ist es soweit, vielleicht schon heute?
Der letzte Zug wird fahren.

Auf einer Reise in ein unbekanntes Land,
aus Weite sie blicken, in der Ferne werden sie sein.
Voller Fantasien werden sie wandeln Hand in Hand.
Du wirst sie nicht mehr finden, sie kommen nicht mehr Heim.
Der letzte Zug wird fahren.

Gib Acht verpass ihn nicht!?
Denn der letzte Zug wird fahren.
Pass auf, verlier ihn nicht aus der Sicht,
denn der letzte Zug wird fahren

Der Abschied:

Melodie „Air" Klavier und Panflöte wird weitergespielt.
In Avraams tiefem Inneren nimmt er nun Abschied von
allen, die ihm lieb waren, vom Ort seiner Geburt, von

Erlebnissen und Freunden. In der Gewissheit nicht wiederzukehren, assoziiert Avraam im Geiste seinen lebenden Pazifismus.

Beim heraus führen, redet Avraam folgende Zeilen zur Musik.

Avraam:
Die Zeit der Freundschaft ward begonnen,
Spaß, und Freude haben wir gewonnen.
So zogen ein ins Land der Jahres Gezeiten,
Gedanken tiefer Liebe konnten sich nun weiten.
gemeinsam bezwangen wir die Nähe und die Ferne,
Sahen die Welt, an diese Zeit denkt man gerne
Auch kam die Zeit um in Ruhe zu verweilen.
um Ängste, Sorgen und Freude zu teilen.
Aber es kam auch die Zeit der Lüge
Stets in Ehrfurcht vor Gottes Rüge.
Es kam auch die Zeit der Dialoge,
doch schnell entfloh diese,
es blieben Gedanken als Monologe.

-Monologe Gedanken-
Manchmal denke ich, ich sei ein Clown
Nur wie ein räudiger Hund ist traurig anzuschauen.
Gefühle, welche toben und schreien,
auf der Suche nach dem eigenen sein.
Ein Herz, das sich sehnt nach Liebe,
jedoch verspürt so starke Hiebe.
Von vorne, von hinten, von oben, von unten,
ich spüre meine Seele, sie ist voller Wunden.
Befrei mich aus dem Gefängnis dieser Emotionen
damit ich bleib vor diesem Schmerz verschonen.
-Ende der Monologen Gedanken-

So zieht ein ins Land die Zeit der Bitterkeit und des Trennen.
Neue Leben? Entgegengesetzt werden wir rennen.
Jedoch nicht fern ist die Zeit der Tränen
Sie kommt, die Einsamkeit und das Zueinander sehnen.

Die dunkle Zeit bringt die Deportation und Krankheit
Gevatter Tod seh ich in der Türe, verspüre dieses Leid
Die Zeit beginnt der frommen Tage,
Gott ist da, das weiß ich nicht nur vage.
So kommt die Zeit des Herzenswunsch, dieses Leid zu besiegen
Doch nur die Zeit der Erfüllung bringt mir den Seelenfrieden.
Die Zeit ist da mit neuem Mut zum Leben
Die Zeit anderen Menschen Liebe geben.
Erfahrung und Geborgenheit zu verschenken
Und sich stets lassen durch Gottes Hände lenken.

Avraam wird von der GeStaPo abgeführt. Klassenzimmer wird dunkel. Kulisse wird gedreht zum Wohnzimmer der Familie von Zimmerfeld.

Musiktheater Winterhagel

Air

Der Kalender Zeigt das Datum 24.12.1944 Kulisse
Wohnzimmer, Mutter, Marie und ihr Bruder Kleiner
Peter sitzen am Weihnachtsbaum.
Es Läutet an der Tür

Marie: Mama El Shalom. *(lacht)*
           Es läutet an der Tür,
           vielleicht ist es der Weihnachtsmann
           vielleicht werden wir nun beschert?

Mutter: Wie bitte Marie?
           Was heißt Mama ElShalom?
           Ja vielleicht werden wir nun beschert?

Marie: Mein Lehrer Abraham sagte, Shalom
           heißt Friede, dann heißt doch Elfriede
           Elshalom. Das bist also du, Mama
           ElShalom. *(Lacht)*
           Vielleicht kommt nun der Friede!

Es klingelt die GeStaPo steht vor der Tür!
Symbolisch die Augen mit schwarzer Binde
verbunden (blinde Gefolgschaft)

Ge
StaPo: Sieg zu Weil!
           Heil dem VerFührer! *(schreit)*

Mutter: Guten Tag, wie kann ich ihnen helfen?

Ge
StaPo: Mit jedem Tag
           eine neue Gute Tat.
           Ein Geschenk für den Endsieg!

Mutter: Sie meinen? *(schockiert)*

GeStaPo: Mit jedem neuen Tag
eine neue Gute Tat!
Ein Geschenk für den Endsieg!
(Schreit energisch)

GeStaPo: Ihr Kind für das Vaterland,
alles andere wäre doch n Schand.
Die Bescherung für des Ver-
Führers Reich! *(Schreit energisch)*

(verzweifelt und weinend)
Mutter: Ihr habt mir schon meinen Mann
geraubt, wollt ihr mich nun meines
Kindes berauben?
Unsere Stadt besteht doch nur
noch aus Frauen und Kindern
Alten und Schwachen.
Wollt ihr dieses Verderben mit
einer Kinderarmee beenden?

GeStaPo: Denkt nicht!
Fragt nicht!
Folgt nur!
VerFührer befiehl!
Wir folgen dir!

Mutter: Die Gedanken sind frei!
Wer kann sie erraten!
Sie fliehen vorbei
wie nächtliche Schatten.
Kein Mensch kann sie wissen,
kein Jäger erschießen
mit Pulver und Blei.

Die Gedanken sind frei!

Ich denke, was ich will
und was mich beglücket,
doch alles in der Still
und wie es sich schicket.
Mein Wunsch und Begehren
Kann niemand verwehren,
es bleibet dabei:
die Gedanken sind frei!

Und sperrt man mich ein
In finstere Kerker,
das alles sind rein
vergebliche Werke,
denn meine Gedanken,
die reisen die Schranken
und Mauern enzwei:
die Gedanken sind frei!

Musiktheater Winterhagel

Die Gedanken sind frei

1. Die Ge - dan-ken sind frei, wer kann sie er - ra - ten?
Sie — flie-gen vor - bei wie nächt-li-che Schatten.
Kein Mensch kann sie wis - sen, kein Jä - ger sie
schießen. Es blei-bet da - bei: die Ge - dan-ken sind frei.

Alle Beteiligten stehen auf der Bühne und singen im Chor.
Schauspiel wird an dieser Stelle unterbrochen.

<u>Kinder weinen</u>

Kinder weinen, große Not
herrscht auf Erden, und der Tod
ach der Bleiche Knochenmann
Führt den Todesfeldzug an.
Friede sei das erst Gebot!

Kinder weinen, niemand ahnt
wo er sich den Weg heut bahnt,
ach der bleiche Knochenmann
niemand ihm entrinnen kann!
Friede, Friede sei gemahnt!

Kinder weinen und der Tod
hinter jeder Ecke droht;
ach der bleiche Knochenmann
seine Hand rührt jeden an!
Frieden bringt die Welt ins Lot!

Kinder weinen, der Papa
Gestern noch am Leben war
ach der bleiche Knochenmann
holte ihn in seinen Bann!
Frieden auf der Totenbahr!

Musiktheater Winterhagel

Kinder weinen

Auf der rechten Bühnenseite:
ist der Führerbunker (Wolfschanze) Hitlers
Arbeitszimmer aufgebaut.
Großer Schreibtisch dahinter an der Wand ein Kalender
zeigt das Datum 23.02.1945 Hitler Portrait, links
daneben die Reichskriegsflagge, rechts daneben die
Hakenkreuzflagge.
Ein General kommt zu Hitler hereingerannt. Symbolisch
sind dessen Augen mit einer schwarzen Binde
verbunden.

General: Sieg zu Weil, und Heil Hitler mein großer VerFührer.

Hitler: Sieg zu Weil und Heil mir Selbst! Treuer Kamerad! *(schreit)*

General: Mein großer VerFührer, unsere Funkabhörer haben den Funkspruch einer britischen Fliegerstaffel abgehört, welche die Order bekamen, ihre gesamte Bom benlast von 1500 Tonnen über irgendeiner Stadt im Schwarzwald abzulassen, deren Namen ich vergaß.
Die Bomben werden fallen!
Es wird ein Bombenhagel werden!
Ein winterlicher Bombenhagel!
Ein bombiger Winterhagel!
Was dem Endsieg nicht dienen kann, soll verrecken! Deren Namen werden wir vergessen!

Musik setzt ein, Melodie des alten Soldatenlied „Ich hatte einen Kameraden" dazu spricht Hitler im aggressiven Ton folgenden Text.

Hitler: Es lebe die verbrannte Erde!
Was dem Endsieg nicht dienen kann, soll verrecken!
Ich gebe nichts auf Feindes Drohgebärde.
Das Volk soll sich nicht hinter Feindesrücken verstecken!
Ich Herrscher der Welt brauche meinen Krieg.
Lasst Weib und Kind verrecken.
Wenn ich ihn nicht hab den Sieg.
Oh mein Volk, wie ich mich lieb.
Oh mein Volk, wie ich dich hasse.
Du bist nicht wie ich, die reine Rasse.
Heil, Heil, Heil mir selbst.
Lasst euer Blut für mich vergießen.
Heil, Heil, Heil NUR MIR selbst.
Zum Schluss werd ich mich feige selbst erschießen.

General: Auf Ewig seid ihr verflucht sollt für uns auch ewig büßen.
Hahaha, doch nun lasst euch aus der Hölle grüßen.
Weib und Kind verrecke schnell.
Bomben werden jetzt fallen.
Auf eure Köpfe knallen.
Und Ihr, die den Winterhagel überleben,
unser Schuld werd ich an euch übergeben.
Heil, Heil, Heil meinem VerFührer.
Volk, auf Ewig bist du verflucht,
für den Führer wirst du büßen,

doch nun lass dich von der Hölle Grüßen.
Bomben werden fallen.
Euch auf die Köpfe knallen.
Weib und Kind Verrecke.

Jetzt fängt Hitler im schrägen und aggressiven Ton
folgenden Text an zu singen, zur Melodie des
Soldatenliedes „Ich hat einen Kameraden"

Hitler:

ich hat nie nen Kameraden
in diesem fernen Baden,
sind es Schwaben oder Franzosen,
ihr Schicksal solln´se selbst auslosen.

Viele Bomben kommen geflogen
Um euer Leben werdet ihr betrogen
Und es ist mir völlig egal
Was erleidet ihr für ne Qual

Ob nur Kinder oder Frauen
Lasst euch auf die Mütze hauen
Denn die schwachen müssen sterben
Damit die starken wachsen werden.

Du treuloses Volk wie ich dich Hasse.
Du Volk bist doch nicht meine Rasse.
Du Volk, für mich sollst du Ewig büßen.
Ein Winterhagel wird dich aus der Hölle
grüßen.

Musiktheater Winterhagel

Ich hat nie nen Kameraden

Alle Beteiligten stehen auf der Bühne und singen im
Chor. Schauspiel wird an dieser Stelle Unterbrochen

Bomben fallen
Bomben fallen, Häuser brennen,
Schüsse knallen, Menschen rennen
und die kleinen Kinder weinen.

Ach so ist des Krieges klang,
wie ein greller Grab Gesang,
und die Not verführet ganz
ihren schlimmen Totentanz.

Panzer fahren, Tiefseeboote,
auf den Bahren Liegen Tote;
und die Mütter klagen bitter.

Ach so ist des Krieges klang,
wie ein greller Grab Gesang,
und die Not verführet ganz
ihren schlimmen Totentanz.

Flugzeugträger draußen warten,
Abfangjäger wollen starten;
und Sirenen lauter tönen.

Ach so ist des Krieges klang,
wie ein greller Grab Gesang,
und die Not verführet ganz
ihren schlimmen Totentanz.

All das sehen wir mit Sorgen
und verstehen nicht, wie morgen
diese Erde friedvoll werde.

Ach so ist des Krieges klang,
wie ein greller Grab Gesang,
und die Not verführet ganz
ihren schlimmen Totentanz.

Musiktheater Winterhagel

Bomben fallen

Vierstimmig-gemischter Chor / Dreistimmiger Frauenchor (SAT)

Schwerfällig an jedem Taktstrich zögernd vorzutragen.

1. Bom- ben fal- len, Häu- ser bren- nen, Schüs- se knal- len,
2. Pan- zer fah- ren, Tief- see- boo- te, auf den Bah- ren
3. Flug-zeug-trä- ger drau- ßen war- ten, Ab- fang- jä- ger
4. All das se- hen wir mit Sor- gen und ver- ste- hen

1. Men- schen ren- nen; und die klei- nen Kin- der wei- nen.
2. lie- gen To- te; und die Müt- ter kla- gen bit- ter.
3. wol- len star- ten; und Si- re- nen laut er- tö- nen.
4. nicht, wie mor- gen die- se Er- de fried- voll wer- de.

Ach so ist des Krie- ges Klang,
und die Not voll- füh- ret ganz

wie ein grel- ler Grab- ge- sang,
ih- ren schlim- men To- ten- tanz.

Szene 2.0 vor Bombardierung 23. Februar 1945

Kinder (10 Stück) spielen, Kulisse Pforzheim vor Bombardierung Hauptscheinwerfer ist auf kleine Marie gerichtet. Im Hintergrund von Tonband Kindermelodie, fröhliches Kinderlachen.

Szene 2.0.1

Circa 10 Britische Soldaten marschieren auf die Bühne, mit 2 Unionjack Flaggen. Kommandant vorne, Rest in 2er Reihe hinterher. Soldaten marschieren an Kindern vorbei und herum, jedoch sehen weder die Kinder die Soldaten, noch die Soldaten die Kinder. Bilder zweier Handlungen werden eins. Kinderlachen (Tonband) wird ausgeblendet. Soldaten marschieren weiter und singen im Chor.

All for one And one for all
Isn`t that the way the way that is should be
Will we ever save this world?
United we will stand up tall
United we will never fall
If it`s all for one and one for all

Musik setzt ein. E-Gitarre, Bassgitarre, Keyboard und Schlagzeug, Gesang klassisch.

All for one and one for all
(CHORUS)
Isn`t that the way the way that is should be
(CHORUS)
Will we ever chance this world

(SOLO Kommandant)
United we will stand up tall
(CHORUS)
United we will never fall
(CHORUS)
If it`s all for one and one for all
(SOLO Kommandant)

*AUS HINTERGRUND EINE GEIFENDE
FRAUENSTMME*
„To Hell with the Devil"

All for one and one for all
(CHORUS)
Isn`t that the way the way that is should
be(CHORUS)
Will we ever chance this world
(SOLO Kommandand)
United we will stand up tall
(CHORUS)
United we will never fall
(CHORUS)
If it`s all for one and one for all
(SOLO Kommandant)

AUS   HINTERGRUND   EINE   GEIFENDE
FRAUENSTMME
„To Hell with the Devil"

Vorhang geht zwischen Soldaten und spielenden
Kindern ab. Kriegslied beginnt. Circa 2 Minuten

KRIEGSLIED   INSTRUMENTAL:
<u>Ohrenbetäubend</u>
Sirenen heulen laut von Tonband, Flugzeug Lärm.

E-Gitarre setzt wild im Rhythmus von Maschinengewehr Salven ein
Schlagzeug beginnt wild im Rhythmus von Bombenhagel. Sirenen heulen weiter

Hinter Vorhang wird Kulisse des zertrümmerten Pforzheim gedreht, Kinder bekommen weiße umhänge und liegen Tod am Boden. Marie behält ihre Kleidung an alles wird eingenebelt. Soldaten marschieren ab. Vorhang fährt hoch.

Musiktheater Winterhagel
All for one and one for all

Nach Kriegslied (**E-Gitarre als MG Salven und wildem Schlagzeug Getrommel als Bombenhagel, lauter Helikopter und Flugzeuglärm**). Einnebelung der Bühne. Vorhang öffnet sich, Kinder liegen Tod am Boden in weißen Hemden. Hintergrundkulisse zerbombtes Pforzheim. **Weiße Frau tritt mit Geige auf die Bühne und spielt das Klagelied des Winterhagels**. (Lärm des Kriegslied geht sanft über in Geigenklänge des Klageliedes) Melodie „Winterhagel"

Kleine Marie
Trockne die Tränen in deinen Augen
Wie kann ich es dir erklären?
Deine Angst die du fühlst
du wurdest geboren in eine schlechte Welt
und kannst dich dagegen selbst nicht wehren.
Menschen töten Menschen wegen Geld
und niemand weiß warum
was ist nur aus uns geworden.
Sieh nur wie wir morden
All was wir zerhauen
musst du neu erbauen.
Wenn Kinder Augen tränen
solln sie wissen das wir den Frieden sehnen.
Erst wenn die Kinder wieder singen
wird eine neue Welt beginnen.
Kleine Marie
Weise du den Weg
in eine bess`re Welt
für alle kleinen.
Du wurdest geboren

um für die Welt zu siegen
das wir alle leben
in Liebe und Frieden
Nie mehr Präsidenten
und all die Kriege enden
eine vereinte Welt
unter Gott.
Wenn Kinder Augen tränen
Lasst sie wissen das wir nach Frieden sehnen.
Erst wenn die Kinder wieder singen
wird eine neue Welt beginnen
Was ist nur aus uns geworden
Sieh nur wie wir uns morden
All das was wir zerhauen
musst du von neu erbauen
nie mehr Präsidenten
und all die Kriege enden.
Eine vereinte Welt
unter Gott.
Wenn Kinder Augen tränen
solln sie wissen das wir den Frieden sehnen
Kinder im Gefecht
lass sie wissen es ist nicht Recht
doch wenn Kinder beten
lasst sie den richtigen Weg erleben
erst wenn Kinder wieder singen
wird eine neue Welt beginnen

Bild vom zerstörtem Pforzheim wird gezeigt. Dazu wird folgender Text eingeblendet:

Am Winterabend des 23.Februar 1945 in der Zeit von 19.50 Uhr bis 20.12 Uhr flogen 369 Bomber der R.A.F Royal Air Force Pforzheim an.
Es hagelten 731 Tonnen Explosivbomben sowie 820 Tonnen Brand- und Markierungsbomben nieder.
Die historische Innenstadt um das Rathaus bestand aus kleinen, romantisch verwinkelten Gassen mit leicht entzündlichen alten Fachwerkhäusern.
Die Brandbomben wurden bewusst auf diesen leicht Feuer-fangenden Stadtkern abgeworfen.
Ein Feuersturm fegte durch die kleinen Gassen.

Im Jahr 1939 waren 4112 Menschen in der Innenstadt registriert.
Am 24.02.1945 lebte davon niemand mehr. Es waren 0.

Insgesamt verloren um die 20.000 Pforzheimer wie auch Zwangsarbeiter ihr Leben in nur 22 Minuten.
31,4 % der Pforzheimer Bevölkerung starben, somit ist es in Relation zur gesamt Bevölkerung der höchste Anteil von ausgelöschtem menschlichem Lebens im zweiten Weltkrieg.

Die Pforzheimer Innenstadt war zu 100% zerstört. Der Rest der Stadt zu 98%, es war fraglich ob man die Stadt je wieder errichten würde.

Die meisten der Opfer waren Frauen, Kinder, Alte und Kranke!

"Der 23.Februar ist Pforzheims Stunde Null. Alle historischen Gebäude sind verschwunden. Dort, wo Johannes Reuchlin einst schritt und Melanchthon zur Schule ging, häufen sich die Trümmer unter denen die Toten noch jahrelang liegen."

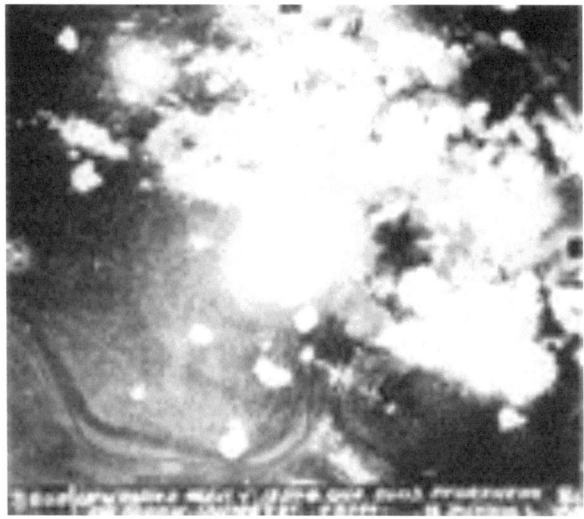

Pforzheim Zusammenfluss von Nagold und Würm am
23.02.1945 um 20.03 Uhr

Originalbericht der R.A.F Royal Air Force:

*„ The attack on night 23. February 1944
has reducet the buildings in the greater
Part of the town to hallow shells or
heaps of rubble. Most of the identifiable
factories including seven of prority, 3
rang have been destroyed or severy
damaged."*

81

Schleier bleibt unten.
Ein großer Spiegel senkt sich, auf dem in roten Lettern steht

Z E I T S P I E G E L

Vom linken Bühnenrand kommen zwei Neonazi Skinheads, klopfen mit Baseballschläger in die Hände.
In der Bühnenmitte bleiben sie stehen, schauen auf die Uhr Und gestikulieren „Es ist Zeit wir haben noch zu tun".
Sie gehen nach rechts ab.

Vom linken Bühnenrand kommt George W. Bush amtierender Präsident der Vereinten Staaten und Ariel Sharon ehemaliger Ministerpräsident der Republik Israel auf die Bühne.

Vom rechten Bühnenrand kommt Osama Bin Laden, Chef des Terrornetzwerk Al Kaida
ehemaliger Militärverbündete der USA gegen die Sowjettruppen in Afghanistan und heutiger Staatsfeind der USA.
Sowie Sadam Huseyin ehemaliger Präsident der Republik Irak, ebenso ehemaliger Militärverbündeter der USA im 10 jährigen Krieg gegen die Islamische Republik Iran.

Sie treffen sich in der Bühnenmitte sehen auf die Uhr „Es wird Zeit wir haben noch zu tun" umarmen sich und gehen Arm in Arm von der Bühnenmitte nach hinten ab.

Da dies eine stille Szene ist, hört man im Hintergrund Marie`s Stimme vom Tonband mit folgenden Zeilen:

Der Sieg
Wie oft hörte ich dich sagen,
du würdest große Dinge wagen.
Du bescherst der Welt den Frieden
Dafür möchtest du nur siegen.

Wann glaubst du kommt der Tag
An dem enden alle Müh und Plag
Da du zu großen Taten schreitest
Und nicht aller Schicksal leitest

Und wieder gingen Jahre vorbei,
doch wieder warst du mein Freund nicht dabei,
wenn's endlich galt zuzugreifen
damit auch deine Friedensfrüchte reifen.

Woran es liegt erklär es nur!
Die Welt verbessern? Ach keine Spur !
Du sehntest nie den Frieden in der Welt.
Dein bestreben war weiterhin, deine Gier nach Geld.

Wie immer einzig und allein,
lags nur an dir, an dir allein.
Schau auf Deine Hände bloß,
sie liegen schlaff in deinem Schoß.
Statt endlich, endlich doch zu handeln
Und alles in dir umzuwandeln.

Alle Beteiligten stehen auf der Bühne und singen
im Chor. Schauspiel wird an dieser Stelle
Unterbrochen

O das doch Friede werde

O das doch Frieden werde
Auf unserer schönen Erde!
O das doch Liebe walle,
umschlöss die Menschen alle!

Es gibt wohl keinen Frieden
Bei uns auf Erd hienieden,
solang der Hass regiert,
das Regimente führet?

O Mensch, drum lass dir raten:
Versäume nicht die Taten,
die aus der Lieb gedeihen
die Mensachen zu befreien!

Lasst Güte und Treue wallten
Und Friede und Freundschaft halten,
dann ist der Hass verloren,
die Liebe neu geboren!

– ENDE –

Musiktheater Winterhagel

O das doch Friede werde

Dreistimmig-gemischter Chor

Text + Melodie + Satz:
Stefan Bothur

1. O daß doch Frieden werde auf uns'rer schönen Erde! O daß die Liebe walte, umschlöß' die Menschen alle!
2. Es gibt wohl keinen Frieden bei uns auf Erd' hienieden, solang der Haß retiret, das Regimente führet?
3. O Mensch, drum laß dir raten: versäume nicht die Taten, die aus der Lieb' gedeihen, die Menschen zu befreien!
4. Laßt Güt' und Treue walten und Fried' und Freundschaft halten, dann ist der Haß verloren, die Liebe neu geboren!

Leise Stimmen des Friedens- terrorismus

»Es tut mir leid, aber ich möchte nun mal kein Herrscher der Welt sein, denn das liegt mir nicht. Ich möchte weder herrschen noch irgendwen erobern, sondern jedem Menschen helfen, wo immer ich kann: Den Juden, Heiden, Farbigen, den Weißen. Jeder Mensch sollte dem anderen Helfen. Nur so verbessern wir die Welt. Wir sollten am Glück des anderen teilhaben und nicht einander verabscheuen. Hass und Verachtung bringen uns niemals näher. Auf dieser Welt ist Platz genug für jeden, und Mutter Erde ist Reich genug um jeden von uns satt zu machen. Das Leben kann ja so erfreulich und wunderbar sein. Wir müssen es nur wieder zu leben lernen. Die Habgier hat das Gute im Menschen verschüttet, und Missgunst hat die Seelen vergiftet und uns im Paradeschritt zu Verderb und Blutschuld geführt. Wir haben die Geschwindigkeit entwickelt, aber innerlich sind stehen geblieben. Wir lassen Maschinen arbeiten und sie denken auch für uns. Die Klugheit hat uns hochmütig werden lassen, und unser Wissen kalt und hart. Wir sprechen zu viel und fühlen zu wenig. Aber zuerst kommt die Menschlichkeit und dann erst die Maschinen. Vor Klugheit und Wissen kommt Toleranz und Güte. Ohne Menschlichkeit und Nächstenliebe ist unser Dasein nicht lebenswert. Aeroplano und Radio haben uns einander näher gebracht. Diese Erfindung haben eine Brücke geschlagen von Mensch zu Mensch- sie erfordern eine allumfassende Brüderlichkeit, damit wir alle eins werden. Millionen Menschen auf der Welt können nun meine Stimme hören. Millionen verzweifelter Menschen, Opfer eines Systems das es sich zur Aufgabe gemacht hat unschuldige zu quälen und in Ketten zu

legen. Lasst uns kämpfen für die Freiheit in der Welt. Das ist ein Ziel das sich lohnt. Nieder mit der Unterdrückung, dem Hass, der Gier und Intoleranz. All denen, die mich jetzt hören, rufe ich zu: „Ihr dürft nicht verzagen." Auch das bittere Leid, das jetzt über uns gekommen ist, ist vergänglich. Die Männer, die heute die Menschlichkeit mit Füßen treten, werden nicht immer da sein, ihre Grausamkeit stirbt mit ihnen, und auch ihr Haas. Die Freiheit, die sie den Menschen genommen haben, wird ihnen dann zurückgegeben werden. Auch wenn es Blut und Tränen kostet. Für die Freiheit ist kein Opfer zu groß! Soldaten vertraut euch nicht Barbaren an, Unmenschen, die euch verachten und denen eurer Leben nichts Wert ist. Ihr seid für sie nur Sklaven, ihr habt das zu tun, das zu glauben, das zu fühlen, ihr werdet gedrillt, gefüttert, wie Vieh behandelt und seid nichts anderes wie Kanonenfutter! Ihr seid viel zu Schade für diese verirrten Subjekte, diese Maschinenmenschen mit Maschinenköpfen, und Maschinenherzen. Ihr seid keine Roboter! Ihr seid keine Tiere! Ihr seid Menschen. Bewahrt euch die Menschlichkeit in euern Herzen und hasset nicht! Nur wer nicht geliebt wird, hasst! Nur wer nicht geliebt wird.
Soldaten, kämpft nicht für die Sklaverei! Kämpft für die Freiheit.
Im siebzehnten Kapitel des Evangelisten Lukas steht: „Gott wohnt in jedem Menschen." Also, nicht nur in einem oder in einer Gruppe Menschen! Vergesset nie: Gott lebt in euch allen, und ihr als Volk habt allein die Macht. Die Macht Kanonen zu fabrizieren aber auch die Macht, Glück zu spenden. Ihr als Volk habt allein die Macht. Ihr als Volk habt es in der Hand das Leben einmalig kostbar zu machen, es mit wunderbarem Freiheitsgeist zu durchdringen. Daher – im Namen der Demokratie – lasst uns diese Macht nutzen, lasst uns zusa-menstehen! Lasst uns kämpfen für eine Neue Welt,

für eine anständige Welt, die jedermann gleiche Chancen gibt, die der Jugend eine Zukunft und den Alten Sicherheit gewährt.
Versprochen haben die Unterdrücker das auch, deshalb konnten sie die Macht ergreifen. Das waren Lügen! Wie überhaupt alles, was sie euch versprachen, diese Verbrecher! Diktatoren wollen die Freiheit nur für sich – das Volk soll versklavt bleiben. Lasst uns diese Ketten sprengen! Lasst uns kämpfen für eine bessere Welt. Lasst uns kämpfen für die Freiheit in der Welt. Das ist ein Ziel das sich lohnt. Nieder mit der Unterdrückung, dem Hass der Gier und der Intoleranz. Lasst uns kämpfen für eine bessere Welt, in der Vernunft siegt, in der Fortschritt und Wissenschaft uns allen zum Segen gereicht! Kameraden im Namen der Demokratie, dafür lasst uns streiten! (…)
Die Wolken brechen auf! Die Sonne scheint wieder. Wir treten aus der Dunkelheit und gehen ins Licht. Wir erreichen eine neue Welt. Eine freundliche neue Welt, in der Menschen ihren Hass, ihre Habgier und Grausamkeit überwinden. Schau nach oben (…) die Menschenseele hat Schwingen bekommen – endlich erhebt er sich in die Lüfte. Er fliegt zum Regenbogen – ins Licht der Hoffnung – in die Zukunft, eine glorreiche Zukunft, die dir gehört, mir, uns allen. Schau nach oben (…) Schau nach oben!«

Charles Chaplin (1889 – 1977) brit. Pazifist, Dichter, Drehbuchautor, Regisseur, Schauspieler, Tänzer und Clown. Schlussrede aus seinem Meisterwerk „Der große Diktator" aus dem Jahr 1938. Hier schafft es ein Clown sein Leben für die Menschheit zu riskieren. In den Vereinigten Staaten von Amerika warf man ihm Bolschewismus vor, nach einer Hetzjagd andersdenkenden gegenüber wurde er in den Vereinigten Staaten 1952 zur unerwünschten Person erklärt. Charles Chaplin flüchtete in die Schweiz ins Exil.

Es gibt keine große Entdeckung und Fortschritte, solange es noch ein unglückliches Kind auf Erden gibt..."

Albert Einstein (1879-1955) deutscher Pazifist &
Träger des Physiknobelpreis.
Von den Nationalsozialisten als Jude Zwangsausgebürgert.
Flüchtete in die Vereinigten Staaten von Amerika.

Ihr Menschenbrüder,
die ihr auch gern lebt
Lasst euer Herz nicht verhärten
Und lacht nicht, wenn man uns zum
Galgen hebt.
Ein dummes Lachen hinter euren Bärten.
Ach, ihr, die nicht fielt da, wo wir gefallen
Seid nicht erbost auf uns wie das Gericht:
Gesetzten Sinnes sind wir alle nicht –
Ihr Menschen, lasset allen Leichtsinn
fallen!
Ihr Menschen, lasset euch uns zur Lehre
sein
Und bittet Gott, er möge uns verzeihn.
Und alle die da reden vom
Vergessen und verzeihn,
denn schlage man mit schweren
Eisenhämmern die Fressen ein.

Bertold Brecht (1898-1956) dt. Dramatiker & Dichter
zur Politischen Bewusstseinsveränderung

An meine Landsleute …

Ihr, die ihr überlebtet in gestorbenen Städten
Habt doch nun endlich mit euch selbst Erbarmen!
Zieht nun in neue Kriege nicht, ihr Armen
Als ob die alten nicht gelanget hätten:
Ich bitt euch, habet mit euch selbst Erbarmen!
Ihr Männer, greift zur Kelle, nicht zum Messer!
Ihr säßet unter Dächern schließlich jetzt
Hättet ihr auf das Messer nicht gesetzt
Und unter Dächern sitzt es sich doch besser.
Ich bitt euch, greift zur Kelle, nicht zum Messer!
Ihr Kinder, dass sie euch mit Krieg verschonen
Müsst ihr um Einsicht eure Eltern bitten.
Sagt laut, ihr wollt nicht in Ruinen wohnen
Und nicht das leiden, was sie selber litten:
Ihr Kinder, dass sie euch mit Krieg verschonen!
Ihr Mütter, da es euch anheim gegeben
Den Krieg zu dulden oder nicht zu dulden
Ich bitt euch, lasset eure Kinder leben!
Dass sie euch die Geburt und nicht den Tod dann
schulden
Ihr Mütter, lasset eure Kinder leben!

Bertold Brecht (1898-1956) dt. Dramatiker & Dichter
zur Politischen Bewusstseinsveränderung

FRIEDENSTERRORISMUS

Zerbombte Körper

Ihr Menschen, durch Uniformen macht ihr
euch gleich.
Krieg, Hass, Gier, macht unsere gemeinsame
Welt nicht reich.

Ziehet aus die Uniformen, blickt auf eure
entblößte Leiber.
Ihr entdecket Gleiches, den Menschen! Männer
wie Weiber.

Im Menschen erkennt ihr dann Brüder und
Schwestern.
Kriege, Hass, Habgier, werden zur Tyrannei
von gestern.

Von unserer gemeinsamen Welt sind wir
allesamt die Erben!
Hinterlassen wir diese unseren Kindern nicht
erneut in Scherben!
(Michalis Avramidis)

Der Dichter sieht die Sturmabteilung marschieren...

Aus der schönen Sprache, in welcher dachte der große Goethe,
macht ihr ein Schmutzgeschrei, das ist meinem Geist zu wieder!
In der schönen Sprache, in der Mozart schrieb die Zauberflöte,
in der Sprache schreit ihr nun schmutzige Lieder!

In Reih und Glied mit falschem Stolz marschieren,
Eure Leiber dabei in braune Gewänder hüllen.
Ohne Verstand und Willen nur einem Verführer parieren,
Hört auf! Hört auf! Uns die Ohren zu zerbrüllen!

Ihr trachtet nach des Denkers Leben!
Ihr kleine Minderheit, ihr Höllenhunde!
Mein freier Geist wird sich euch niemals ergeben!
Ihr Elendsminderheit verschafft der Welt ne blut'ge Wunde!

Eure Ideologie verdunkelt des Geistes Sonnenschein.
Hört auf! Mit diesem Schmutzgeschrei aus eurem Munde!
Hört auf! Mit dieser Unterdrückung! Hört auf mit dieser Pein!
Lasst die Denker und andersdenkenden doch am Leben.
Des Geistes Vielfalt ist und bleibt der Welt reicher Segen.

Lasst die Menschen aller Religion, Rassen und Nationen,
gemeinsam auf der einen, gemeinsamen Welt doch wohnen!
Ihr Kinder der Nationen, lernt aus den alten Hassgeschichten!
Ihr Kinder der Nationen, lernt das Miteinander leben,
nicht den Menschen zu terrorisieren und zu vernichten
Seid barmherzig und die Welt wird uns den Frieden geben!

98

Der Letzte Zug wird fahren,
an Station werden sich sammeln die Leute.
Schau wie sie einsteigen in ganzen Scharen.
Wann ist es soweit, vielleicht schon heute?
Der letzte Zug wird fahren.

Auf einer Reise in ein unbekanntes Land,
Weite werden sie blicken, in der Ferne werden sie sein.
Voller Phantasien werden sie wandeln Hand in Hand.
Du wirst sie niemals wiederfinden, sie kehren nicht mehr Heim.
Der letzte Zug wird fahren.

Gib Acht, verpass ihn nicht?
Denn der letzte Zug wird fahren.
Pass auf, verlier ihn nicht aus der Sicht,
denn der letzte Zug wird fahren.

Abram Goldenthals Abschied

Die Zeit der Freundschaft ward begonnen,
Spaß, Wohlbefinden und Freude haben uns gewonnen.

So zog ein uns Land der Jahres Gezeiten,
Gedanken tiefer Liebe konnten sich nun auch weiten.

Gemeinsam bezwangen wir die Nähe und die Ferne,
Sahen die Welt, an diese Zeit denkt man noch gerne.

Auch kam die Zeit um in Ruhe zu verweilen.
Wir konnten Ängste, Sorgen und Freude teilen.

Aber es kam auch die Zeit der Lüge
Stets in Ehrfurcht vor Gottes Rüge.

Es kam auch die Zeit der Dialoge,
doch schnell entfloh diese, es blieben Gedanken als
Monologe.

Monologe Gedanken-

Manchmal denke ich, ich sei ein Clown
Nur wie ein räudiger Hund ist traurig anzuschaun.
Gefühle, welche toben und schrein,
auf der Suche nach dem eigenen Sein.
Ein Herz, das sich sehnt nach Liebe,
jedoch verspürt so starke Liebe.
Von vorne, von hinten, von oben, von unten,
ich spüre meine Seele, sie ist voller Wunden.
Befrei mich aus dem Gefängnis dieser Emotionen
damit ich bleib vor diesem Schmerz verschonen.
-Ende der Monologen Gedanken-

So zieht ein uns Land die Zeit der Bitterkeit und des
Trennen.
Neue Leben? Entgegengesetzt werden wir rennen.

Jedoch nicht fern ist die Zeit der Tränen
Sie kommt, die Einsamkeit und das Zueinander sehnen.

Die dunkle Zeit bringt die Deportation und Krankheit
Gevater Tod seh ich in der Türe, verspüre dieses Leid.

Die Zeit beginnt der frommen Tage,
Gott ist da, das weiß ich nicht nur vage.
So kommt die Zeit des Herzenswunsch, dieses Leid zu
besiegen
Doch nur die Zeit der Erfüllung bringt mir den
Seelenfrieden.

Die Zeit ist da mit neuem Mut zum Leben
Die Zeit anderen Menschen Liebe geben.

Erfahrung und Geborgenheit zu verschenken
Und sich stets lassen durch Gottes Hände lenken.

Kälte der Nacht ...

Ich fühle der Nachtes Kälte
wie sie uns umarmt,
der Sonnenwonne Wärme uns stielt,
der Gedanken Freiheit uns beraubt.
Das Antlitz der Zeiten dunkelstes Gesicht,
verspüre ich, mein Geist wird so zum
Wicht.
Halte immer an der Gegenwart fest.
Jeder Zustand, ja jeder Augenblick,
ist von unendlichem Wert.
Denn er ist der Repräsentant
einer ganzen Ewigkeit.
Einen Tyrannen zu hassen,
vermögen auch knechtische Seelen.
Nur wer die Tyrannei hasset,
ist edel und groß.
Denn wer spät im Leben
sich verstellen lernt,
der hat den Schein

der Ehrlichkeit voraus…

Jedes Problem,
dass die Menschheit angeht, sollte
auch auf humanitäre Weise gelöst
und nicht mit Gewalt beantwortet
werden. Gewaltlosigkeit ist der
menschlichste Weg, ein Ziel zu
erreichen.
Denn Auge um Auge und die Welt
wird erblinden!

FRIEDENSTERRORISMUS

Weitere Werke von Michalis Avramidis

„Winterhagel,
**die Geschichte der Kleinen Marie,
Erinnerungen einer alten Dame"**
Ein philosophischer Roman. ISBN: 9783839123249

„Musiktheater Winterhagel- **Wer ist der
gute Täter? Wer ist der böse Täter? Wer ist
das gute Opfer? Wer ist das böse Opfer?"**
*Eine Tragödie mit Musik von M. Avramidis, S. Bot-
hur, J.S. Bach.* ISBN: 9783837071092

„Männerabend, erfolgReich muss
man(n) sein!"
Eine Tragikomödie. ISBN: 9783839106945

„Der das Leben des sündigen Poeten,
das Sterben des Lord Byron"
Ein Drama mit Musik von Ludwig van Beethoven

„Denken ist sprechen mit sich selbst,
Dichten ist fühlen mit der Welt"
Eine lyrische Anthologie

„Der Kirschbaum und der Holzfäller"
Ein Märchen für Erwachsene

„Schattenwelt"
Ein Roman